Paramhansa Yogananda

# Die stärkende Kraft der Meditation – innere Ruhe und Klarheit gewinnen



vianova
Verlag Via Nova

Paramhansa Yogananda

# Die stärkende Kraft der Meditation – innere Ruhe und Klarheit gewinnen

Verlag Via Nova

Übersetzung aus dem Englischen:
Evelyn Horsch-Ihle

**Originaltitel:**
Yogananda, Paramhansa,
How to Have Courage, Calmness, & Confidence
Crystal Clarity Publishers, Nevada City, CA 95959


Crystal Clarity, Publishers,
c/o Ananda Edizioni
Morano Madonnuccia, 7
06023 Gualdo Tadino (PG) Italy
Phone: +39-075-9148375
www.anandaedizioni.it

---

2. Auflage 2024

**Verlag Via Nova, Alte Landstr. 12, 36100 Petersberg**
Telefon: (06 61) 6 29 73
E-Mail: info@verlag-vianova.de
Internet: www.verlag-vianova.de
Umschlaggestaltung: Guter Punkt, München
Satz: Sebastian Carl, Amerang
Druck und Verarbeitung: Appel & Klinger, 96277 Schneckenlohe



ISBN 978-3-86616-441-3

---

# INHALTSVERZEICHNIS

# VORBEMERKUNG DES HERAUSGEBERS

Lieber Leser,

du öffnest gerade ein Handbuch, mit dem du dich an dein Höchstes Bewusstsein wenden kannst. Lies dieses Buch sorgfältig, nimm die Macht der Worte des Meisters in dir auf, praktiziere seine ganz einfachen Vorschläge regelmäßig und du wirst spüren, wie dich nach und nach eine neue Energie erfüllt und dir die Macht verleiht, jeder Herausforderung deines Lebens mit Freude, Selbstvertrauen, Ruhe und Mut zu begegnen.

Paramhansa Yogananda kam in den 20er Jahren des 20. Jahrhunderts aus Indien in die USA und brachte die Lehren und Techniken des Yoga, jener uralten Wissenschaft der Seelenerweckung, mit in den Westen. Er war der erste Yogameister, der sich im Westen ansiedelte, und seine *Autobiografie eines Yogi* wurde zum meistverkauften autobiografischen Bestseller aller Zeiten. Zahllose Suchende westlicher Länder haben damit ihr bisher unerforschtes Seelenpotenzial erkunden und entwickeln können.

Yoga ist die uralte Wissenschaft, wie man seine Energien nach innen richten und so spirituelle Erweckung erreichen kann. Yogananda zeigte seinen westlichen Schülern zudem, wie man die in seinen Lehren vermittelten, äußerst praktischen und wirksamen Meditationstechniken auch in allen Bereichen des täglichen Lebens anwenden kann.

Seine Artikel, die in diesem Buch zusammengestellt sind, stammen aus unterschiedlichen Quellen: In den 1920er und 1930er Jahren erschienen Artikel von Swami Yogananda in den Zeitschriften „Innere Kultur" und „Osten-Westen". Sein kleines Büchlein „Wissenschaftliche Heil-Affirmationen" erschien 1924. Die meisten Inhalte, die hier veröffentlicht werden, kann man nirgendwo sonst finden.

Crystal Clarity Publishers

# KAPITEL 1

# MUT: EINE ANGEBORENE SEELENQUALITÄT

Erfolg, Gesundheit und Weisheit sind natürliche Seelenqualitäten. Schwächende Gedanken und Gewohnheiten in sich zu tragen und mit ihnen identifiziert zu sein, sich nicht konzentrieren zu können, kein Durchhaltevermögen zu besitzen oder nur wenig Mut in sich zu spüren – all dies können Gründe für das Leid sein, das viele Menschen in sich spüren, ganz abgesehen von Armut, schlechter Gesundheit oder anderem.

Mit diesen Angstgedanken aber lähmst du deine Fähigkeit zum Erfolg. Erfolg und Vollkommenheit des Geistes und Körpers sind angeborene Eigenschaften jedes Menschen, denn der Mensch ist nach dem Bild Gottes geschaffen worden. Um jedoch sein Geburtsrecht für sich zu reklamieren, muss der Mensch sich als Erstes davon befreien, an seine eigene Begrenztheit zu glauben. Dieser Glaube nämlich ist eine Täuschung.

Gott vermag alles und besitzt alles. Deshalb vermögen auch wir als Kinder Gottes alles, was der Vater in sich trägt. Wenn du dich vollständig zufrieden und ausgefüllt fühlst, wenn du weißt, dass du Zugang zu allem hast, was dem Vater zu eigen ist, dann verändert sich dein Grundgefühl zu dir. Dein angeborenes Erbe ist Vollkommenheit und Wohlstand, aber du hast dich bisher dafür entschieden, in Unvollkommenheit und Armut zu leben. Das Gefühl, wirklich alles zu besitzen, muss geistig zu einer Selbstverständlichkeit für dich werden.

Im Bereich des menschlichen Egos schenkt dir jeder Tag eine neue Gelegenheit zu Heldentaten. Begegne jedem und allem auf dem Schlachtfeld des Lebens mit Heldenmut und dem Lächeln eines Eroberers. Was auch immer sich dir in den Weg stellt und deiner Aufmerksamkeit bedarf, sollte als eine Pflicht angesehen werden. Pflichten werden einem Menschen nicht von irgendeiner Supermacht auferlegt. Sie sind ein angeborener Lebenstrieb, um weiter zu wachsen. Seine Pflichten zu vernachlässigen, öffnet negativen Kräften Tür und Tor und sollte durch Weisheit vermieden werden.

Vermeide, dich mit solchen Menschen zusammenzutun, die sich immer nur über ihr Leben beklagen. Sie könnten deine gerade erworbene Spiritualität zugrunderichten, die noch wie ein zartes Pflänzchen ist, das in dir wächst. Gehe also solchen Menschen aus dem Wege und versuche, immer glücklich zu sein, ganz gleich, wie deine äußeren Umstände sind. Gott wird sich dir niemals zeigen, es sei denn, du bist ausgefüllt und glücklich.

Der wahre spirituelle Schüler verbannt Kleinmut aus seinem Geist. Resolut stellt er eine Karawane edler spiritueller Eigenschaften zusammen, bei der Willenskraft und Hingabe die Führungsrolle einnehmen, und geht dann auf seine Reise. Er weiß mit unverbrüchlichem Glauben, dass er letztlich die wahre Freiheit erreichen wird, wenn es ihm gelingt, sein Herz von jeder Spur von Verlangen zu befreien. Er reist weiter, immer weiter. Auf seinem Weg erhält er große Geschenke, aber er erlaubt sich nicht, sich davon gefangen nehmen zu lassen. Er ruht niemals, ehe er nicht das Ziel seiner Reise erreicht hat. Das ist der Weg des wahren Schülers!

Menschen begegnen Veränderungsprozessen – selbst wenn diese Veränderung sie zum Besseren führt – oft mit Besorgnis. „Wenn ich etwas aufgebe“, denken sie dann, „wird dann noch genug für mich übrigbleiben?“ Man braucht viel Mut, das Bekannte loszulassen und sich auf das Versprechen einer noch unbekannten und deshalb ungewissen Glückseligkeit einzulassen. Der Geist ist wie ein Pferd, das jahrelang einen Lieferwagen gezogen hat. Das Pferd hat sich an seine tägliche Strecke gewöhnt und kann nicht leicht davon überzeugt werden, jetzt eine andere zu nehmen. Auch der Geist wird seine alten Gewohnheiten nicht so schnell aufgeben, selbst wenn er weiß, dass genau diese ihn zum Leiden gebracht haben.

Veränderungen zum Guten sollten deshalb mutig angegangen werden. Solange die Hoffnung auf eine bessere

Zukunft von Angst vor dem Erreichen dieses Ziels überlagert werden, kann der Geist niemals in Frieden kommen. Nimm also Veränderungen an – sie sind das einzige Konstante im Leben. Unser Leben ist eine endlose Folge von Gewinnen und Verlusten, von Freude und Leid, Hoffnungen und Enttäuschungen. In einem Augenblick werden wir von Stürmen oder Herausforderungen bedroht und nur wenige Augenblicke später bricht plötzlich ein Silberlicht durch die grauen Wolken und dann ist der Himmel wieder blau.

Der ernsthafte Sucher – im Gegensatz zum „Sesselhocker", der sein Leben damit verschwendet, intellektuelle Theorien zu spinnen –, weiß um die harte Arbeit, die vor ihm liegt und geht sie mit Herzblut an. Ein wahrer Krieger wirft sich trotz seiner Ängste mutig in den Kampf, wenn die Stärke seines Arms gefordert ist. Ein wahrer Bergsteiger beginnt seinen Aufstieg voll Entschlossenheit, um den Berg zu bezwingen, auch wenn er sich der steilen Wände vor sich bewusst ist. Und ein echter Wahrheits-Sucher sagt sich: „Ich weiß, was für eine harte Arbeit vor mir liegt, um Befreiung zu erfahren, aber ich werde alles geben, was ich bin. Mit Gottes Hilfe wird der Erfolg sich ganz sicher einstellen!" Durch vertiefte, tägliche Anstrengungen beim Meditieren wird er letztlich das rein materielle Bewusstsein überwinden und seine langverlorene Bewusstheit der göttlichen Seligkeit in sich wiedergewinnen.

Oh, Jünger, nimm dein Herz und lass es dich lenken! Ganz gleich, wie ausgetrocknet, steinhart und zerrissen der Boden deines Herzens während der langen Hungerjahre deines Schwelgens in sinnlichen Freuden, Fehlschlägen und Enttäuschungen geworden ist, er kann neues Wasser bekommen und wieder weich werden, wenn du ihn mit dem Frieden deiner inneren Kommunion mit dem Göttlichen wässerst. Dein spiritueller Enthusiasmus kann auf lange Sicht revitalisierend wirken. Trinke nur erneut von jenem uralten Wein der Kommunion mit dem Göttlichen. Durch deine glühenden spirituellen Bemühungen, mit denen du dich täglich durch den weichgewordenen Boden deiner erneuerten Seelenwahrnehmungen arbeitest, wirst du dann die Samenkörner des spirituellen Erfolgs säen können und ihnen dabei zusehen, wie sie wachsen und sich in ein neues fruchtbares Feld göttlicher Freuden verwandeln.

Statt dich entmutigt und besiegt zu fühlen, wenn du mit etwas konfrontiert bist, was du als Problem empfindest, danke stattdessen dem Vater dafür, dass du eine Gelegenheit geschenkt bekommst, zu erkennen, was du zu lernen hast, und wie du so an Stärke und Weisheit zunimmst, während du der Herausforderung begegnest.

Karma kann man am besten besiegen, wenn man den Prüfungen des Lebens mit Fröhlichkeit und Mut entgegentritt. Wenn du etwas fürchtest, dann ist dein Karma an dieser Stelle noch nicht besiegt. Um es aufzulösen, versuche nicht die Prüfungen zu vermeiden, die dir in den Weg gestellt werden. Erhebe dich mutig über sie hinaus, indem du dich auf die göttliche Freude in deinem Inneren besinnst.

In jedem Augenblick besitzt du den ganzen Mut, die ganze Stärke, die ganze Intelligenz, die notwendig sind, um jede nur denkbare Schwierigkeit zu überwinden. Werde nur still, sowohl geistig wie auch körperlich. Ziehe dein Aktionszentrum nach innen und kommuniziere dort mit deinem Vater. Er wird dir den Weg zeigen.

## *Affirmationen für Mut*

„Ich werde als Erstes, als Letztes und die ganze Zeit meine Sicherheit suchen, indem ich konstant an den Frieden Gottes denke."

„Ich werde meine Ängste vor Krankheit, Verlust und Unwissenheit, die nichts als Traumerscheinungen sind, vom stillen Gesicht meiner Seele entfernen, indem ich sie mit dem Schleier des Friedens der Göttlichen Mutter abwische."

„Ich bin vollkommen behütet, wenn ich die Kämpfe um mein Bewusstsein der Güte austrage. Ich habe meine Schatten der Vergangenheit verbrannt. Ich bin nur noch am Heute interessiert.

Das ist die wahre Lösung für jedes Problem: Ich trage in mir die Weisheit und die Intelligenz, die notwendig sind, um die Lösung zu erkennen, und ich besitze den Mut und die Energie, diese auch durchzuführen."

„Gott ist in mir und um mich herum. Er beschützt mich, sodass ich den Schatten der Angst, die durch Sein lenkendes Licht ausgeblendet wird, aus mir verbannen kann. So stolpere ich nicht und stürze auch nicht in die Gräben des Irrtums."

Heimliche Angst erzeugt Spannung und Unruhe und bringt das System letztlich dazu, zusammenzubrechen. Deshalb müssen wir Vertrauen in unsere Fähigkeiten haben und an den letztlichen Sieg unserer gerechten Sache glauben. Wenn wir diese Eigenschaften nicht in uns tragen, dann müssen wir sie in unserem Geist erschaffen, indem wir unseren Geist darauf konzentrieren. Dies kann durch entschlossene und lang andauernde Praxis erreicht werden.

Als Erstes müssen wir dabei unsere Schwächen identifizieren. Wenn uns zum Beispiel Willenskraft fehlt, dann lasst uns genau über Willenskraft meditieren. Durch diese bewussten Bemühungen werden wir in der Lage sein, eine starke Willenskraft in uns zu entwickeln.

Wenn wir uns von unserer Angst befreien wollen, dann sollten wir über Mut meditieren, und zu gegebener Zeit werden wir aus den Begrenzungen der Angst befreit werden. Durch Konzentration und Meditation stärken wir uns und bringen uns dazu, unsere Aufmerksamkeit auf einen bestimmten Punkt auszurichten. Kontinuierliche Praxis wird uns in die Lage versetzen, unsere Energie mühelos auf ein einziges Problem oder eine einzige Eigenschaft auszurichten. Dies wird dann zu unserer zweiten Natur werden. Mit diesen neuen Fähigkeiten ausgestattet werden wir bei den Aufgaben unseres Lebens Erfolg haben, sowohl materiell wie auch spirituell.

Sorgen sind objektiv nicht vorhanden. Nur wenn wir sie konstant wiederholen, manifestieren wir sie auch in unserer materiellen Wirklichkeit. Deshalb schiebe sie aus deinem Geist fort – und sie werden aufhören zu existieren. Das ist das, was ich die menschliche Heldenreise nenne: zum göttlichen, zum essenziellen Wesen. Um Freiheit von Leid zu erreichen, muss der Mensch sein heldenhaftes Selbst auch bei seinen Alltagsaktivitäten wirken lassen.

Die Wurzel allen Leidens liegt bei einem normalen Menschen darin, dass er den Heldenmut und auch seinen Mut allgemein in sich nicht entwickelt. Wenn im geistigen Make-up eines Menschen der Aspekt des Heldenmuts fehlt, dann wird sein Geist anfällig für alle möglichen Arten von Sorgen. Geistige Selbstüberwindung bringt darum Glück in jedes Leben und geistige Niederlagen bringen Leid. Solange der Eroberer-Geist in einem Menschen wach ist, kann kein Leiden die Schwelle seines Herzens überschreiten.

Tränen und Seufzer auf dem Schlachtfeld des Lebens sind Ausdruck der Feigheit eines schwachen Geistes. Diejenigen, die den Kampf vorzeitig aufgeben, werden zu Gefangenen ihrer eigenen Unwissenheit. Das Leben ist nichts anderes als eine unendliche Folge von Problemen, die man lösen muss. Jedes Problem, das auf eine naheliegende Lösung wartet, ist eine religiöse Pflicht, die dir vom Leben auferlegt worden ist.

Es gibt kein Leben, das nicht voll von Problemen ist. Im Kern geht es darum, dass die Bedingungen niemals gut oder schlecht sind. Nein, sie sind immer neutral. Sie scheinen dir nur entweder ermutigend oder deprimierend zu sein, je nachdem, ob du ihnen mit Trauer oder mit Frohsinn begegnest.

Wenn ein Mensch unter die Ebene der Umstände herabsinkt, dann gibt er sich selbst auf und versinkt in den Einflüssen der Umstände, des Unglücks und der Sorgen. Wenn er sich aber durch den Heldenmut, den er auch in sich trägt, über die Einflüsse der Umstände erhebt, dann werden alle Lebensumstände, ganz gleich, wie dunkel oder bedrohlich sie auch sein mögen, wie eine Nebeldecke sein, die sich im warmen Glanz der Sonne auflöst. Die Leiden des normalen Menschen sind kein inhärenter Teil seiner Lebensbedingungen. Sie werden aus der Schwäche des menschlichen Geistes geboren. Erwecke darum den Sieger in dir, wecke den schlafenden Helden in dir – und begegne damit deinen Problemen! Niemals wieder werden Sorgen ihre Schatten in dein inneres Haus werfen.

# KAPITEL 2

# RUHE – DIE QUELLE DEINER MACHT

Jeder Mensch hat eine Seele und einen Körper. Durch Täuschung identifiziert er seine Seele mit seinem Körper und damit auch mit den Bedingungen seines Körpers. Dieser Körper kann verletzt werden, er kann sich verändern und er kann zerstört werden, denn seine Haltbarkeit ist begrenzt und hat nur eine kurze Lebensspanne. Deshalb glaubt ein Mensch, der mit seinem Körper identifiziert ist, dass er sehr verletzlich ist.

Aber die Seele kann in keiner Weise verändert, verwundet oder zerstört werden. Die Seele, die nach dem Bild Gottes erschaffen worden ist, besteht aus ewiger, ungestörter Ruhe.

Indem er seinem weltlichen Verlangen folgt, identifiziert sich der Mensch mit der körperlichen Schwäche und fürchtet stets Tod und Begrenzung. Wenn die Seele seine Aufmerksamkeit von den leiderzeugenden körperlichen Begrenzungen abzieht, wenn er meditiert, bis seine Täuschungen verschwinden, dann spürt er sich wieder als die grenzenlose Seele, die in der Allgegenwart lebt und dadurch geschützt ist: unzerstörbar und unverletzlich gegenüber jedem Angriff täuschender Energieschwingungen. Jeder Mensch muss sich darum erinnern, dass er unsterblich ist, nicht offen für Veränderung oder Tod, selbst wenn sein Körper scheinbar von Krankheit, Unfällen oder Tod betroffen ist.

Wenn man sich auf die Seele konzentriert, dann kann der Mensch seinen Todestrieb überwinden und ewigen Frieden finden.

Ganz gleich, wie lange du schon meditierst – wenn du immer noch körperliche Krankheiten oder Tod fürchtest und die Unsterblichkeit der Seele nicht in dir erkannt hast, dann hast du erst wenig Fortschritte gemacht und wenig in dir verwirklicht. Dann musst du mehr meditieren, tiefer und tiefer, so lange, bis du in eine ekstatische Kommunion mit Gott gelangst und alle Begrenzungen des Körpers vergisst. Während deiner Meditationen musst du erkennen, dass du weit mehr bist als deine körperlichen Veränderungen – du bist formlos, allgegenwärtig, allwissend und bewusst.

Leben bedeutet Veränderung.

Bleibe deshalb innerlich ruhig. Bleibe gleichmütig. Wenn du arbeitest, sei ruhig bei aller Aktivität. Eines Tages wirst du erkennen, dass du den Wellen des Schicksals nicht länger ausgeliefert bist. Deine Stärke wird aus deinem Inneren kommen, du wirst nicht mehr von äußeren Anreizen oder von irgendeiner Art von Motivation abhängig sein.

Miss als Schüler auf dem spirituellen Pfad den Herausforderungen, die sich dir in den Weg stellen, wenig Bedeutung bei. Bleibe gleichmütig. Gehe deinen Weg mutig weiter. Gehe Tag für Tag weiter, mit ruhigem, inneren Glauben und Vertrauen, und du wirst jeden Schatten des schlechten Karmas überwinden, alle Prüfungen und Herausforderungen bewältigen, und du wirst zuletzt die Morgenröte göttlicher Verwirklichung dein Eigen nennen. In diesem höchsten aller Bewusstseinszustände wirst du eine Freiheit erleben, die bleibt und alle früheren Ausdünstungen deines Unglücks überwindet.

Heute – jetzt! – segle los und suche das versprochene Land! Es scheint so weit entfernt und ist dennoch so nah: jener unerschütterliche Zustand absoluter Erfüllung in Gott.

Oh, Schüler, beeile dich!

Spiele deine tragischen oder komischen Lebensrollen mit einem inneren Lächeln.

Du bist unsterblich und mit ewiger Freude ausgestattet. Vergiss dies niemals, während dein Lebensstück auf dem Spielplan steht – auch wenn es sich ewig verändert und am Ende tödlich endet. Die Welt ist nichts als eine Bühne, auf der du deine Rollen spielst, unter Leitung des göttlichen Regisseurs. Spiele sie gut, ob es nun eine Tragödie oder eine Komödie ist, und erinnere dich immer daran, dass deine wahre Natur ewige Seligkeit ist, nichts anderes. Das Einzige, das dich niemals verlässt, ist die Freude deiner Seele.

Lerne deshalb, in der ruhigen See der unveränderlichen Seligkeit zu schwimmen, bevor du dich in den Gezeitenstrom des materiellen Lebens stürzt, der voll ist von Leiden, Sorgen, Genuss, Gleichgültigkeit und illusorischem vergänglichem Frieden.

Wenn du dagegen eine Meditationspraxis beginnst und sie mit vollem Herzen ausübst, dann gelangst du zu tiefem Frieden. Diese Gelassenheit solltest du ständig in dir erwecken.

Wie kannst du inneres Gleichgewicht erlangen? Es ist schon schwer, wirklich Geld zu verdienen, und es ist noch viel schwerer, inneres Gleichgewicht zu erlangen. Zeichne ein Dreieck, schreibe auf eine Seite „Süße", auf die andere Seite schreibe „Ruhe" und auf die Grundseite schreibe „Glück".

Die Menschen besitzen zwei Seiten in ihrem Wesen. Das private Wesen und das öffentliche Wesen. Das private Wesen ist dort, wo sie sich entspannen können und sich erlauben, all ihre Hässlichkeit zum Ausdruck zu bringen. Viele Menschen ziehen sich schön an, wenn sie ausgehen, aber in ihnen toben die Leidenschaften. Im Haus sagen sie dann: „Ich bin total wütend", außen sagen sie nur: „Oh, wie geht's?"

Wir müssen unseren Geist, unsere Sprache und unseren Körper in Einklang bringen. Finde Ruhe, finde Frieden, finde Glück, finde Gleichgewicht.

Jede Nacht, bevor du zu Bett gehst, sage: „Ich bin der

Friedensfürst, der auf dem Thron des Gleichgewichts sitzt." Gleichgewicht ist dein Zentrum. Ob du dann schnell handelst oder langsam – du wirst auf diese Weise niemals deine königliche Haltung des inneren Friedens verlieren.

Viele Menschen kennen den Weg zum Frieden und zum dauerhaften Glück, beeilen sich aber nicht, ihm zu folgen. Sie nehmen Unterricht – und dann vergessen sie ihn. Nutze deshalb deine spirituelle Ausbildung. Lebe ein Leben, das Gott gewidmet ist, und jeder, der deinen Pfad kreuzt, wird sich besser fühlen, allein dadurch, dass er dich getroffen hat. Wenn du in Frieden und Harmonie leben willst, dann bekräftige deine Ruhe und deinen Frieden und sende nur Gedanken voll Liebe und gutem Willen aus.

> Bleibe gleichmütig auch angesichts von Schmerz oder Freude, Gewinn oder Verlust, Sieg oder Niederlage. Auf diese Weise wirst du niemals sündigen.
>
> Bhagavad Gita, Kp. 2, Stanza 38

Der oben zitierte Vers kann so interpretiert werden, dass er dem weltlich lebenden Menschen, dem moralisch handelnden Wesen und dem spirituellen Sucher gleichermaßen hilft.

Jeder, der im Geschäftsleben Erfolg anstrebt, sollte seinen Geist darauf trainieren, angesichts plötzlicher materieller Gewinne oder Verluste unbewegt zu bleiben. Ein Geschäftsmann, der angesichts von Erfolgen nicht emotional erregt reagiert, kann feststellen, dass seine Konzentration nicht vom Weg zu noch größerem Erfolg abgezogen wird. Ein Geschäftsmann andererseits, der durch geschäftliche Niederlagen oder Verluste in Depression fällt oder die Macht seiner Konzentration verliert, wird nicht in der Lage sein, mit neuen Anstrengungen auf einen materiellen Erfolg hinzuarbeiten.

Jeder weltlich denkende Mensch, der Erfolg anstrebt, muss seinen Geist ruhig halten, um den sich ständig verändernden Umständen seines Lebens zu begegnen. Wie ein Traktor muss er in der Lage sein, ganz leicht über die Höhen und Tiefen seiner Lebensfelder zu fahren.

Der Mensch, der mit moralischen Werten leben will, sollte sich nicht allzu sehr freuen, wenn es ihm einmal gelungen ist, eine große Versuchung siegreich zu überstehen. Ebensowenig sollte er sich entmutigen lassen, wenn er plötzlich in einer Versuchung gefangen ist. Der entschlossene, gleichmütige Mensch geht weiter, stetig und beständig, bis er sein Ziel – die völlige Meisterschaft über sich selbst – errungen hat. Vorzeitige Freude über vorübergehenden Erfolg oder Depression aufgrund einer vorübergehenden Niederlage sollten im Innern nicht zugelassen werden oder den Weg des moralischen Fortschritts behindern.

Wenn der spirituelle Schüler schließlich, nach einigen Jahren tiefer Meditation, die göttliche Freude erfährt, sollte er nicht zu sehr an die Dauerhaftigkeit dieser Erfahrung glauben, solange er nicht die höchste Glückseligkeit erlebt hat. Viele spirituelle Aspiranten geben sich mit der überbewussten Freude der Seele und mit ein paar Astrallichtern zufrieden. Sie machen dann nicht mehr den nächsten Schritt, der weiteres Bemühen um noch tiefere Meditation erfordert, und kommen deshalb nicht dahin, ihr Bewusstsein mit der allgegenwärtigen Freude und dem Licht des Geistes zu vereinen.

Ein Schüler, der regelmäßig meditiert, aber dann zum Opfer einer plötzlichen Explosion unbewusster Unruhe wird, sollte nicht entmutigt sein. Er sollte auch nicht aufhören, seine Meditation immer weiter zu vertiefen und den Kontakt zu Gott zu suchen. Solange er nicht ganz im Unendlichen verankert ist, muss er das Schiff der Konzentration seines Geistes immer wieder auf die ruhigen oder aufgewühlten Wogen der inneren Erfahrungen ausrichten – so lange, bis er das Ufer der nie endenden Kommunion mit dem Unendlichen erreicht hat.

Ein Yogi, dessen Geist wie ein unbewegter See ist, frei von allen Wellen vorübergehender geistiger Ablenkung, Traurigkeit oder emotionaler Störungen – aufgrund von Verlusten oder Gewinnen, Siegen oder Niederlagen – findet in sich die ungestörte klare Widerspiegelung des göttlichen Geistes.

Ungestörte Ruhe kann durch tiefe und immer tiefere Meditation erreicht werden. Diese konstante Ruhe wird schließlich zu einem alles durchdringenden Licht, das die gesamte Materie durchströmt und bis ins Herz des allgegenwärtigen göttlichen Geistes reicht. Der die Erleuchtung anstrebende Yogi muss seinen Geist beständig auf die innere Wahrnehmung ausrichten, die durch Meditation erreicht worden ist, und sollte seinem Geist nicht erlauben, sich von vorübergehenden Ausbrüchen überbewusster Freuden oder vorübergehenden Explosionen unterbewusster Unruhe ablenken zu lassen. Ein solcher Yogi findet seinen unveränderlichen Altar der Ruhe, den Ruheort des ewig-neuen, freudigen Geistes in sich.

Erinnere dich, dass Gott immer bei dir ist, dich führt und dich ermutigt. Lerne, nach innen zu lauschen, den ganzen Tag lang und diese innere, lenkende Stimme zu hören.

Ganz gleich, was du tust – ob deine Arbeit nun sehr erschöpfend ist, verwirrend oder unmöglich abzuschließen: Bleibe in dir und sage: „Vater, dies ist deine Arbeit. Ich bin bereit, mich ganz hinzugeben, um dir zu dienen." Sofort wird alle Spannung dich verlassen und die Aufgabe wird dir leicht erscheinen.

Ruhe ist dynamischer und kraftvoller als Frieden. Ruhe schenkt dem Schüler die Macht, alle Hindernisse in seinem Leben zu überwinden. Selbst bei menschlichen Angelegenheiten ist der Mensch, der unter allen Umständen Ruhe bewahrt, unüberwindlich.

## *Affirmationen für Ruhe*

„In dem Augenblick, in dem mein Geist unruhig wird, ruhelos oder aufgewühlt, werde ich mich nach innen wenden, still werden, konzentriert und entschlossen, bis meine Ruhe wiederhergestellt ist."

„Das Licht des Christos scheint durch mich und deshalb ist mein Geist ganz klar. Ordnung und Harmonie regieren in allen meinen Angelegenheiten."

„Glück, Verständnis, die Freude kreativen Ausdrucks und vollkommener Friede sowie meine Entschlossenheit können mir nur dann gehören, wenn ich meine ganze Kraft und Fähigkeit darauf konzentriere, den Willen des Vaters zu erfüllen."

Lasse niemals deinen Geist von der Ruhelosigkeit verführt werden, indem du zu viel herumalberst oder dich zu sehr ablenkst. Bleibe tiefgründig. Sobald du dich zu sehr der Ruhelosigkeit hingegeben hast, werden alle deine alten Schwierigkeiten wieder in dir aufsteigen und beginnen, ihren Zug auf deinen Geist auszuüben: Themen wie Sex, Alkohol oder Finanzen.

Natürlich ist ein wenig Spaß und Gelächter dann und wann wunderbar, aber nur gelegentlich. Ich selbst mag es manchmal durchaus, aus vollem Herzen zu lachen, wie ihr alle wisst. Aber wenn ich mich entschließe, ernst zu sein, dann kann nichts und niemand mich aus meinem inneren Selbst herausziehen.

Sei deshalb tiefgründig bei allem, was du tust. Selbst, wenn du lachst, verliere deine innere Ruhe nicht. Sei innerlich fröhlich, aber gleichzeitig innerlich ein wenig zurückgezogen. Bleibe zentriert in deiner inneren Freude und Fröhlichkeit.

Bleibe immer vorrangig in deinem Selbst verwurzelt. Komme manchmal ein wenig heraus, wenn du essen musst oder reden oder wenn du deine Arbeit tust, aber dann ziehe dich wieder in dein Selbst zurück.

Sei ruhig in deiner Aktivität und aktiv in deiner Ruhe. Das ist die Art des Yogi.

Verlangen und Wut sind die beiden größten Hindernisse, wenn es um Weisheit geht. Sie zerstören den inneren Frieden eines Menschen und behindern sein Verständnis. Wenn dich Wut ergreift, dann hast du vielleicht das Gefühl: „Das fühlt sich wunderbar an!“ Aber im Rausch deiner Wut tust du vielleicht etwas Schreckliches und denkst nicht an die Folgen.

Verlangen wiederum verwirrt deinen Geist. Frustriertes Verlangen ist einer der wichtigsten Gründe für das Entstehen von Wut. Es ist deshalb ganz wichtig, dass du immer innerlich ruhig und nicht anhaftend bleibst. Nimm alles, was kommt, mit unerschütterlicher Ruhe an. Ich sage oft: „Was von selbst kommt, soll ruhig kommen." Das gilt sowohl für die schlimmen Dinge im Leben wie auch für die guten. Nur Ruhe kann dir ein Gefühl für die richtige Verhältnismäßigkeit vermitteln. Sie wird dir helfen, aus einem unfehlbaren, richtigen Gespür heraus zu handeln.

Vor einiger Zeit kam ein Mann mit einem chronischen nervösen Herzleiden zu mir und wollte geheilt werden. Er sagte: „Ich habe so viele Dinge ausprobiert, aber ich habe es immer noch nicht geschafft, mein Herzproblem loszuwerden."

Nachdem ich eine Weile in aller Ruhe nachgedacht hatte, sagte ich ihm, er solle mir eine Schere bringen. Alarmiert und voll Misstrauen starrte er mich an und antwortete: „Sir, wollen Sie etwa mein Herz aufschneiden?" Ich lachte und erwiderte: „Ich bin doch kein Arzt und Sie haben sicher noch nie gehört, dass jemand mit einer Schere eine Herzoperation durchgeführt hätte."

Als er dann zögerlich die Schere gebracht hatte, schnitt ich ihm einen der Knöpfe seiner Weste ab und sagte ihm, er solle die Stelle nicht berühren, an der dieser Knopf gesessen hatte. Er solle nach 15 Tagen wiederkommen, er werde wahrscheinlich dann geheilt sein.

Der Mann lachte und rief aus: „Ich werde tun, was Sie sagen, denn ich glaube an Sie, auch wenn dies die verrückteste Heilmethode ist, die ich jemals kennengelernt habe!"

Nach 15 Tagen kam er zurück, überwältigt vor Freude und sagte: „Die Spezialisten sagen, dass ich von meiner nervösen Herzkrankheit geheilt bin. Sir, was haben Sie mit mir gemacht? Haben Sie diesen Knopf abgeschnitten, weil er einem bösen Geist gehörte?"

Ich lächelte und antwortete: „Ja, genau! Ihre Hand hat ständig an diesem Knopf herumgefummelt, direkt über Ihrem Herzen. Dieser Knopf war also der „Geist", der Ihr Herz in Unruhe versetzt hat, bis es anfing zu stolpern. Als Ihr Herz von diesem Westenknopf befreit wurde, der die Störung erzeugte, hörte das Herz auf, Ihnen Probleme zu bereiten."

# KAPITEL 3

# SELBSTVERTRAUEN: DU BIST EIN KIND DER UNENDLICHKEIT

Das kreative spirituelle Bewusstsein wohnt bereits in der Seele des Menschen und er kann tun, was immer er will, denn er ist nach dem Bild Gottes erschaffen worden, ausgestattet mit grenzenloser Macht. Er ist der Schöpfer seines Schicksals, wenn er nur diese gottgegebene Macht annimmt und einsetzt. Die einzige Begrenzung des Menschen ist die, die er sich selbst auferlegt, und das geschieht durch seine Gedanken. Es ist eine wohlbekannte psychologische Tatsache, die lautet: „Gedanken erschaffen Wirklichkeit". Und die Aussagen in den biblischen Sprüchen: „Wie ein Mensch in seinem Herzen denkt, so ist er", ist eine Wahrheit, die das Leben Tausender revolutioniert und transformiert hat.

Kultiviere das Bewusstsein, dass der göttliche Geist dein Vater ist – der Besitzer des ganzen Universums, in all seiner Fülle. Du, als Sein geliebtes Kind, hast das absolute Recht, alles zu besitzen, genau wie Er es tut. Bettele deshalb in deinem Gebet nicht um etwas, sondern bewahre den Gedanken, dass schon alles dir gehört und dass du nichts weiter zu tun brauchst, als mit dem unendlichen, natürlichen Selbstvertrauen des Kindes Gottes danach zu greifen.

Sei kein Bettler! Erkenne, dass du das Kind des Kaisers des Universums bist.

Gott beantwortet alle Gebete. Gebete, die in Unruhe gesprochen werden, beantwortet Er jedoch nur zum Teil. Wenn du jemandem etwas anbietest, das dir gar nicht gehört, wäre das dann nicht nur eine leere Geste? Genauso ist es, wenn du zu Gott betest, aber keine Kontrolle über deine Gedanken hast, denn dieses Gebet wird keine Macht haben. Gedanken und Gefühle müssen beide beim Gebet auf einen Punkt ausgerichtet werden. Ansonsten wird Gott deinem kleinen Rinnsal des Gebetes mit einem kleinen Rinnsal seiner Macht begegnen. Er wird seine Antwort auf dich mit einem Teelöffel portionieren. Sehr oft ist ein Gebet mehr wie das halbherzige Gemurmel eines Bettlers statt wie die liebevolle, vertrauensvolle Forderung eines guten Freundes.

Ebenso, wie ein Kind glücklich und in vertrauensvoller Sicherheit in der schützenden Sphäre seiner Eltern lebt, kann der wahre Schüler, indem er ein Kind Gottes wird, alle Furcht loslassen und sich vollständig dem allmächtigen Schutz der Macht Gottes anvertrauen.

Im Gegensatz dazu wird ein Mensch, der diese kindlichen Qualitäten in sich nicht kultiviert, die latent in seiner Seele vorhanden sind, ständig und dauerhaft von seinem Selbst gefoltert: von Schüchternheit, Sorgen, Ängsten und Anhaftungen, die seinen Frieden in einen Ozean des Leidens verwandeln.

Vor unserem himmlischen Vater sollten wir alle sein wie Kinder. Er mag das. Er braucht von uns keine sorgsam formulierten theologischen Definitionen oder Gebete, die bis zur Vollendung gedrechselt sind, damit sie Seine hochherrschaftlichen Ohren nicht beleidigen. Er möchte, dass wir Ihn in all unserer Einfachheit lieben, genauso wie Kinder.

Wenn du wieder und wieder Niederlagen erleidest, dann lasse dich nicht entmutigen. Niederlagen sollten zu Anreizen für dich werden, nicht zu Giften. Sie sollten dich spirituell und materiell zum Wachsen anregen. Der Moment der Niederlage ist die beste Zeit, um die Samenkörner des Erfolges auszusäen.

Jede neue Anstrengung nach einer Niederlage sollte jedoch gut geplant sein und mit einer stärkeren Intensität deiner Aufmerksamkeit aufgeladen werden. Wenn eine schlechte Gewohnheit dich schwächt, dann tue zwei Dinge: Negativ gesagt, versuche sie zu vermeiden und ebenso alles, was sie hervorruft oder anregt, aber ohne dass du dich dabei auf sie konzentrierst und dich zu sehr bemühst, sie unbedingt auszumerzen. Positiv gesagt, richte deinen Geist auf irgendeine gute Gewohnheit aus und halte ihn dort mit deinem ganzen Feuer, sodass sie sich ausbreiten kann, bis sie zu einem Teil von dir geworden ist.

Je mehr du an dir arbeitest, desto mehr wirst du andere um dich herum erheben.

Lob macht dich nicht besser und Tadel macht dich nicht schlechter, als du bist. Warum also solltest du beide beachten? Schenke dem Lob von Menschen keine Aufmerksamkeit und überprüfe dich sorgfältig, wenn sie dich tadeln. Wenn du wirklich einen Fehler gemacht hast, dann behebe ihn möglichst schnell, aber wenn du überhaupt keine Schuld trägst, dann lache und vergiss die ganze Sache. Die Wahrheit wird für dich sprechen.

## *Affirmationen für Selbstvertrauen*

„Eine Eichel enthält die gesamte Information, damit eine Eiche aus ihr wachsen kann. Auf dieselbe Weise wurde in mich schon zu Beginn meines Lebens mein Lebensmuster eingepflanzt. Ich werde darum versuchen, diesen vollkommenen Plan zur Verwirklichung zu bringen, und das ungehindert."

„Ich trage in mir die Macht und die Intelligenz, die ich brauche, um allen Schwierigkeiten dieses Tages zu begegnen. Ich werde heute mit meinem ganzen Glauben leben, und die Macht Gottes anrufen, wenn die Notwendigkeit dafür entsteht."

„Ich werde meine Gedanken nicht begrenzen. Ich bin das Leben, ich bin die Intelligenz, ich bin die Gesundheit, die Freude, der Friede und die Macht. Das ist die tiefste Wahrheit meines Seins. Ich werde versuchen, diese Eigenschaften vollkommen in mir zum Ausdruck zu bringen."

„Ich werde alle Situationen, seien sie nun gut oder schlecht, in Instrumente für meinen Erfolg verwandeln. Für eine siegreiche Seele können sich sogar lauernde Gefahren in göttlichen Segen verwandeln."

„Der Sonnenschein göttlichen Wohlstands ist gerade durch den dunklen Himmel meiner Begrenzungen gebrochen. Ich bin Sein Kind. Was immer Er besitzt, ist auch meins."

„Ich erkenne jetzt, dass die Macht Gottes grenzenlos ist und dass ich, da ich nach Seinem Bild geschaffen wurde, die Macht besitze, alle Hindernisse zu überwinden."

„Ich weiß, dass jede auch noch so schlimm erscheinende Schwierigkeit nichts als ein Ruf ist, die Macht einzusetzen, die ich schon besitze. Wenn ich diese Macht zum Ausdruck bringe, dann werde ich stärker und weiser."

„Da Gott, das Gute, überall und zu allen Zeiten vorhanden ist, ist meine Güte immer bei mir und wartet darauf, dass ich sie Wirklichkeit werden lasse. Ich werde in vollkommenem Glauben weitergehen, im Reich der Macht des allgegenwärtigen Gottes, der mir schenkt, was ich brauche und wann ich es brauche."

Komm aus deinem verschlossenen Raum geistiger Lähmung und Enge heraus. Trinke die Frischluft der lebensspendenden Gedanken und Ansichten anderer. Empfange die geistige Nahrung von Geistesgrößen, die materiell und spirituell fortgeschritten sind. Erfreue dich unermüdlich an kreativem Denken – bei dir selbst und bei anderen. Mach lange, geistige Spaziergänge auf den Wegen deines Selbstvertrauens. Atme giftige Gedanken aus, die dich entmutigen, unzufrieden machen und dir die Hoffnung rauben. Atme stattdessen die frische Luft des Erfolges ein und wisse, dass du mit Gottes Hilfe dorthin gelangen wirst. Das wird deine Seelen-Batterien aufladen. Wenn du kontinuierlich die Seligkeit Gottes durch Meditation erfährst, kannst du bewusst deine geistige Erschöpfung zum Verschwinden bringen und deine spirituelle Gesundheit und deine Weisheit werden zunehmen.

Eliminiere darum alle geistigen Gifte und nimm die göttliche Nahrung der Entschlossenheit, des Mutes und der beständigen geistigen Bemühung zu dir. So wirst du lernen, wie du auf leichte Weise die schwierigsten Probleme lösen kannst.

Es gibt viele Wege, auf denen äußere Einflüsse in deinen Geist eindringen können und deine innere Umwelt beeinflussen. Lass darum ungesunde Dinge nicht in den Strom deiner gewohnheitsbildenden Gedanken einfließen. Achte darauf, welche Bücher du liest. Achte auf die Art von Menschen, mit denen du dich umgibst. Achte auf den Einfluss, den deine Familie, dein Land und die Menschen, denen du täglich begegnest, auf dich ausüben. Viele Menschen sind erfolglos, weil ihre Familien ihr Unterbewusstsein mit Gedanken, die ihren Fortschritt lähmen und sie entmutigen, infiziert haben. Beispiele solcher Botschaften sind: „Oh, John, egal, was du versuchst – du machst immer ein totales Chaos daraus!“

Belehre dich eines Besseren! Wache auf! Erinnere dich, niemand kann dein Gefühl von Glücklichsein beeinträchtigen, es sei denn, du selbst entscheidest dich dafür, unglücklich zu sein. Wenn du dich dazu entschlossen hast, dein inneres Glücksgefühl unter allen Umständen zu bewahren, dann kann dich niemand unglücklich machen.

*Affirmiere:* „Welche Umstände auch immer mich herausfordern – ich weiß, dass sie nur den nächsten Schritt in meiner Entwicklung bedeuten. Ich heiße alle Prüfungen willkommen, ganz gleich, wie heftig sie auch sein mögen, denn ich weiß, dass ich in mir die Intelligenz trage, sie zu verstehen, und die Macht, sie zu überwinden. Ich bin bereit, die Lektion zu lernen, die jede Erfahrung mich lehrt, und ich bin dankbar für die Stärke und das Verständnis, die sich durch das Überwinden der Prüfungen in mir aufbauen."

Geschrieben im Jahr 1934:

Nun, wo jeder herumläuft und von „Der großen Depression" redet, ist die Zeit gekommen, diese Depression zu deprimieren. Selbst wenn du arbeitslos bist, solltest du dir und anderen zuliebe nicht deprimiert sein. Wenn du bei dir zu Hause sitzt und nur über die große Depression jammerst, tust du dir selbst Unrecht. Denn du lähmst deinen Geist mit Kummer, statt ihn mit kreativem Denken beschäftigt zu halten – einem Denken, das dir den Weg aus deinen Schwierigkeiten zeigen kann.

Ich kann dem körperlich faulen Menschen vergeben, wenn sein Körper geschwächt ist oder Ruhe braucht, aber ich kann nicht so leicht vergeben, wenn sich jemand innerlich verknöchert, weil er zu faul zum Denken ist. Solche Menschen haben Angst davor, ihre Gehirne zu trainieren, und warten darauf, dass sie erst erfolgreich sind. Das ist ein Unrecht, das du selbst deinen Entwicklungskräften gegenüber begehst, indem du sie durch deine ständigen Sorgen verkrüppelt hältst. Statt zu schluchzen, solltest du deinen Geist mit ständigen, energetisierenden Gedanken beschäftigen, wie du beispielsweise eine Arbeit für dich finden kannst. Du musst die Geschäfte in deiner Heimatstadt mit deiner niemals ruhenden Werbung für dich, deinem kreativen Genie und deiner Arbeitsfähigkeit so erschöpfen, dass sie schlussendlich gar nicht anders können, als dir einen Job zu geben, nur um dich endlich zum Schweigen zu bringen. Dann, wenn du eingestellt worden bist, musst du deinen Arbeitgebern zeigen, dass du unverzichtbar für sie bist und dass du für sie etwas tun kannst, was niemand anderes für sie tun kann.

Die Dunkelheit löst sich erst auf, wenn das Licht erscheint. Wenn du beständig das Wort „Fülle!“ affirmierst, wirst du die Gedanken an die Depression wegjagen können. Wenn du wirklich materiell leidest, dann verletze dich selbst nicht noch mehr dadurch, dass du geistig deine Niederlage annimmst. Du kannst immer in die Herzen deiner Familie und deiner Nachbarn den Geist des Mutes, der Willenskraft und des kreativen Denkens einpflanzen.

Erinnere dich daran, dass Selbstvertrauen und das Bewusstsein von Fülle sich schneller verbreiten, als die Krankheit der Depression es je kann. Ebenso, wie die Sonne sich schnell über den halben Globus erhebt, so kann die Stärke deiner Freude und deines Bewusstseins von Fülle sich schnell über die dunklen Gebiete deines eigenen Bewusstseins erheben, ebenso wie über das deiner Familie, deiner Nachbarn, deines Landes und der ganzen Welt.

Wenn du einen Minderwertigkeitskomplex hast, dann erinnere dich daran, dass Erfolg, Gesundheit und Weisheit dein dir zustehendes Erbe sind. Deine Schwierigkeiten haben nur mit deiner Schwäche zu tun, die ihre Ursache in einem oder mehreren Faktoren hat. Sie kann leicht überwunden werden, wenn du nur entschlossen genug bist, Mut aufbringst, gesunden Menschenverstand entwickelst und an Gott und dich selbst glaubst.

Deshalb verändere jetzt, sofort, in diesem Moment, deine geistige Einstellung, wenn du fest davon überzeugt bist, dass du ein Versager bist. Werde unerschütterlich in deiner Überzeugung, dass du über das nötige Potenzial verfügst, um extrem erfolgreich zu sein.

Ganz gleich, was deine Schwierigkeiten gewesen sein mögen oder wie entmutigt du bist – wenn du dich konsequent bemühst, dich zu verbessern, dann wirst du bemerken, dass du, da du nach dem Bild Gottes geschaffen worden bist, mit grenzenloser Kraft ausgestattet bist, die viel stärker ist als deine schlimmsten Schwierigkeiten. Entschließe dich, gewinnen zu wollen, und konzentriere alle deine Kräfte auf deine pausenlosen Bemühungen, erfolgreich zu sein, und du wirst es mit absoluter Sicherheit schaffen.

Erinnere dich daran, dass deine Schwierigkeiten in der Vergangenheit nicht aufgetreten sind, um dich zu zerstören, sondern dafür, um deine Entschlossenheit zu vergrößern, deine grenzenlosen göttlichen Kräfte für deinen Erfolg einzusetzen. Gott will, dass du die schweren Lebensprüfungen überwindest und zurückkommst in Sein Heim der Weisheit.

## KAPITEL 4

# DEN GEIST REITEN: WIE MAN MIT SORGEN, ANGST UND UNSICHERHEIT UMGEHT

Sorgen sind oft das Ergebnis von Versuchen, zu viel auf einmal tun zu wollen. Fliehe also nicht vor deinen Pflichten, die du dir vornimmst, sondern kaue sie mit den Zähnen deiner Aufmerksamkeit gründlich durch, eine nach der anderen, und verflüssige sie dann mit dem Speichel deines gesunden Menschenverstandes. Auf diese Weise wirst du eine geistige Verdauungsstörung vermeiden.

Füttere deinen Geist nicht mit geistigen Giften, die Kummer und Sorgen auslösen. Lerne, die Gründe deiner Sorgen zu beheben, ohne dass du ihnen erlaubst, dich in Leid und Kummer zu versetzen.

Wenn deine „geistige Gesundheit“ beeinträchtigt ist, dann beginne eine geistige Fastenkur. Eine geistige Fastenkur, die dir Gesundheit schenkt, wird deinen Geist klären und ihn von den aufgestauten geistigen Giften einer unbewussten geistigen Ernährung befreien.

Mache zuerst eine Sorgen-Fastenkur: Dreimal täglich schüttele buchstäblich alle Sorgen ab. Um 7.00 Uhr morgens sage dir: „Alle meine Sorgen dieser Nacht werden jetzt abgeschüttelt und von nun an bis um 8.00 Uhr werde ich mich weigern, mir Sorgen zu machen, ganz gleich, wie schwierig meine Pflichten auch sein mögen, die jetzt vor mir liegen. Ich bin jetzt auf einer einstündigen Fastenkur." Mache dann dasselbe zwischen 12.00 Uhr mittags und 13.00 Uhr, sage dir: „Ich bin jetzt fröhlich, ich werde mir keine Sorgen machen!" Und abends, zwischen 18.00 Uhr und 21.00 Uhr, während du vielleicht mit deinem Partner oder mit Verwandten oder Freunden zusammen bist und es gerade ganz schwer mit ihnen hast, fasse innerlich den festen Entschluss: „Während der nächsten drei Stunden werde ich nicht jammern und mich nicht mit meinem Kummer beschäftigen. Ich weigere mich, mich ärgern zu lassen, auch wenn ich angekeift werde. Ganz gleich, wie groß die Versuchung ist, mich in ein Kummer-und-Sorgen-Fest hineinziehen zu lassen, ich werde dieser Versuchung widerstehen. Ich will meinen Herzensfrieden nicht durch Sorgenschocks sabotieren. Ich kann es mir nicht leisten, in Kummer und Sorgen zu verfallen, ich bin in einer Sorgen-Kur."

Wenn du es geschafft hast, deine Kummer-Fastenkur während bestimmter Stunden des Tages durchzuführen, versuche, sie ohne Unterbrechung zwei Wochen lang durchzuhalten. Danach versuche, den Resten der Kummergifte in deinem System vollständig beizukommen:

Wenn du merkst, dass du gerade dabei bist, dich in ein Gelage aus Kummer und Sorgen zu stürzen, dann gehe einen Tag lang oder einen Tag pro Woche auf eine Sorgen-Fastenkur wie oben beschrieben. Wann immer du dich entschließt, jetzt keinen Kummer und keine Sorgen mehr in dir zuzulassen, bleibe bei deiner Entschlossenheit. Du kannst in aller Ruhe auch die schwierigsten Probleme lösen und sie mit der größten Kraft durchführen und gleichzeitig innerlich vollkommen frei von Sorgen bleiben. Sage zu deinem Geist: „Ich bin zufrieden und glücklich damit, dass ich mein Bestes tue, um das Problem zu lösen, deshalb gibt es absolut keinen Grund dafür, sich Sorgen zu machen."

Wenn du eine Kummer-Fastenkur machst, dann trinke ausgiebig von den frischen Quellen des Friedens, die in den Wassern aller Umstände immer auch enthalten sind, und vitalisiere sie durch deine Entschlossenheit, allzeit fröhlich zu bleiben. Wenn du dich entschlossen hast, fröhlich zu sein, kann dich nichts unglücklich machen. Wenn du dich entschlossen hast, deinen geistigen Frieden auch durch Sorgen über mögliche unglückselige Umstände nicht zerstören zu lassen, dann kann das auch niemand anders schaffen.

Beschäftige dich nur mit der unermüdlichen Kraft, die aus dem richtigen Handeln resultiert, nicht mit ihren Ergebnissen. Lass die Ergebnisse bei Gott sein und sage: „Ich habe mein Bestes unter diesen Umständen getan, deshalb bin ich glücklich!"

Sorgenfasten ist die negative Methode, um das Gift des Kummers und der Sorgen in dir zu überwinden. Es gibt aber auch eine positive Methode: Jemand, der mit den Keimen der Sorgen angesteckt ist, muss genügsam, aber regelmäßig in der Gesellschaft fröhlicher Menschen feiern. Jeden Tag sollte er sich – auch wenn es nur eine kurze Weile ist – mit „frohsinn-infizierten“ Menschen umgeben. Es gibt Menschen, deren Art und Weise, echte Fröhlichkeit zu verbreiten, niemals stillsteht. Suche dir solche Menschen und feiere mit ihnen, indem du mit ihnen diese lebensspendende Nahrung der Freude teilst. Wenn du wirklich beständig in deiner Lach-Diät bist, dann wirst du schon am Ende eines Monats oder zweien eine Veränderung in dir feststellen – dein Geist wird sich buchstäblich mit Sonnenschein füllen.

Dein Geist sollte Ruhe zum Ausdruck bringen. Sicher, es gibt immer Sorgen und Herausforderungen im Leben, aber dein Geist sollte wie Wasser sein, das keinen bleibenden Eindruck der Wellen behält, die auf seiner Oberfläche spielen.

Das bedeutet nicht, dass du in Geschäftsangelegenheiten nachlässig sein solltest, was im Gegenteil sorgsam vermieden werden sollte, da es unnötige Sorgen bereitet. Sorgen dieser Art entstehen, wenn du deinen Geist mit übermäßiger Verantwortlichkeit aufgeblasen hast. Du solltest dich erinnern, dass ohne Gesundheit, Frieden und Glück auch materielle Erfolge nur von geringem Wert für dich sind. Was nützen sie dir, wenn du ernsthaft erkrankst, weil du nur Sorgen hast?

Lass deshalb deine Sorgen los. Komme jeden Morgen und jeden Abend in die absolute Stille und verbanne jedes Mal einige Minuten lang jeden Gedanken aus deinem

Geist. Dann visualisiere einige schöne Erlebnisse deines Lebens in dir, gehe geistig durch die angenehmen Erfahrungen hindurch, wieder und wieder, bis du deine Sorgen vollständig vergessen hast.

Geistige Entspannung ist die Fähigkeit, die eigene Aufmerksamkeit willentlich von Sorgen über vergangene und gegenwärtige Schwierigkeiten, die dich verfolgen, vom Druck ständiger Verantwortungen, von der Furcht vor Unglücksfällen und von verstörenden Gedanken und Anhaftungen abzuziehen. Meisterschaft in geistiger Entspannung kommt durch beständige und vertrauensvolle Praxis. Sie kann erreicht werden, wenn man seinen Geist willentlich von allen Gedanken befreien kann und die Aufmerksamkeit auf Frieden und Zufriedenheit im Inneren ausgerichtet hält.

Angst ist ein geistiges Gift – es sei denn, man benutzt sie als eine Art Gegengift – wenn sie einen beispielsweise in Form eines unguten Gefühls vor etwas warnt und mahnt, vorsichtig zu sein. Aber ansonsten zieht die Angst nur die Zielobjekte der Angst an, so, wie ein Magnet Eisenspäne anzieht.

Angst intensiviert und vergrößert unseren körperlichen Schmerz und unser geistiges Leid um das Hundertfache. Angst wirkt auch zerstörerisch auf das Herz, auf das Nervensystem und auf unser Gehirn. Sie wirkt sich zerstörerisch auf unsere Initiative, auf unseren Mut, unser Urteilsvermögen, unseren gesunden Menschenverstand und auf unsere Willenskraft aus. Sie vermindert die Macht und das Vertrauen eines Menschen, alle Hindernisse zu überwinden.

Wenn dich etwas zu verletzen droht, dann lass die Angst deine kreativen geistigen Kräfte nicht beeinträchtigen. Nutze sie vielmehr als Warnlicht, um praktische Lösungen zu finden, mit denen du einer Gefahr ausweichen kannst.

Wenn dich etwas bedroht, sitze nicht einfach nur herum – tue etwas und überprüfe so deine ganze Willens- und Urteilskraft.

Angst, zu versagen, oder Angst vor Krankheit werden verstärkt, wenn du ständig über mögliche negative Möglichkeiten nachdenkst – so lange, bis sie sich in deinem Unterbewusstsein verwurzelt haben und letztlich auch in deinem Überbewusstsein. Diese Angstsamen keimen dann und füllen dein Denken mit Angstpflanzen, die giftige Angstfrüchte hervorbringen.

Wenn du nicht in der Lage bist, die Versagensangst oder die Krankheitsangst, die dich verfolgen, aus deinem Denken zu verbannen, lenke dich ab, indem du deine Aufmerksamkeit auf interessante, spannende Bücher lenkst oder harmlosen Humorveranstaltungen nachgehst. Wenn dein Geist einmal die Bedrohung durch die Angst vergessen hat, ermutige ihn, die Wurzel der Versagens- oder Krankheitsangst in dir zu entdecken und sie aus dem Boden deines täglichen Lebens auszureißen.

Fürchte dich nicht vor Krankheiten oder Unfällen, auch, wenn du sie einmal erlebt hast. Fürchte dich lieber davor, eine solche Angst zu entwickeln, denn diese wird ein Bewusstsein erzeugen, das voll von Krankheit und Unfällen ist, und wenn es stark genug ist, wird es genau die Dinge anziehen, vor denen du am meisten Angst hast.

Furchtlosigkeit wird dich andererseits rechtzeitig vor ihnen warnen oder wenigstens ihre Macht abschwächen.

Töte deine Angst, indem du dich weigerst, Angst zu haben. Wisse, dass du jenseits aller Kämpfe in Gottes ewiger Sicherheit sicher bist, auch wenn du in einem Meer von Leid auf Felsen gespült wirst oder der Tod an deine Tür klopft. Gottes schützende Strahlen können die drohenden Wolken des Jüngsten Tages vertreiben, die Wellen der Prüfungen beruhigen und dich sicher machen, ob du nun in einer Burg oder auf dem Schlachtfeld des Lebens bist, während die Kugeln der Prüfungen dir um die Ohren fliegen.

Wenn dich Angst überflutet, dann spanne dich bewusst einige Male an und entspanne dich wieder. Atme dabei tief aus. Schalte den Stromschalter der Ruhe und der Gelassenheit ein. Lasse deine ganze geistige Maschinerie aufwachen und aktiv in deiner Willensschwingung summen. Dann verbinde deine Willenskraft mit deiner furchtlosen Vorsicht und deiner Urteilskraft. Wälze sie in dir ständig um, sodass sie dir praktische Ideen liefern, um bedrohlichen Situationen in deinem Leben zu entkommen.

Wenn du dich geistig in deiner Furcht suhlst, dann wird dies in dir ein unterbewusstes Angstmuster bilden. Dann, wenn etwas Ärgerliches während deiner täglichen Abläufe passiert, wird das unterbewusste Angstmuster sich selbst aktivieren, das Objekt deiner Angst vergrößern und in deinem Bewusstsein deinen Willen lähmen, dieser Angst entgegenzutreten.

Der Mensch ist nach dem Ebenbild Gottes erschaffen worden und besitzt darum alle Macht und alle Möglichkeiten Gottes. Deshalb ist es falsch, wenn der Mensch denkt, dass irgendwelche Prüfungen größer sind als seine Göttlichkeit. Erinnere dich: Ganz gleich, wie groß die Prüfungen auch sein mögen, du bist in der Lage, sie zu bestehen. Gott wird nicht erlauben, dass du über dein Vermögen hinaus versucht und geprüft wirst.

Angst sollte keine geistige Unruhe hervorrufen, keine Lähmung oder Unterwerfung. Nein, sie sollte dich dazu bringen, dass du ruhig, besonnen und achtsam handelst und sowohl übereiltes Vorgehen als auch Zurückhaltung vermeidest.

Begegne deiner inneren Furcht mit betonter Konzentration auf deinen Mut – und damit, dass du dein Bewusstsein auf den absoluten Frieden in deinem Inneren lenkst. Verbinde dich mit gesunden und positiv denkenden Menschen, die vor Krankheit oder Versagen keine Angst haben.

Lampenfieber vor Bühnenauftritten ist eine Form der Angst, die viele Menschen nervös werden lässt, sodass sie unfähig werden, irgendetwas auf ganz natürliche Weise zu tun. Wenn du schüchtern bist und Lampenfieber hast, dann lasse deinen Geist ruhig werden und erinnere dich daran, dass alle Macht, die du brauchst, schon in dir ist – alle Macht, Menschen zu überzeugen, alle Macht, den unendlichen göttlichen Geist durch dich hindurchfließen zu lassen.

Lampenfieber und Schüchternheit sollten durch tiefe Achtsamkeit, Konzentration und Ruhe ersetzt werden, bevor man die Bühne betritt. Praktiziere darum Folgendes:

1. Atme unmittelbar vor dem Auftritt einige Male tief ein und aus und konzentriere dich dabei auf den Punkt zwischen deinen Augenbrauen. Das wird deine Schüchternheit beseitigen und dir Selbstvertrauen geben.

2. Sprich innerlich mit sehr klarer Stimme aus, wie freudig-aufgeregt, meisterhaft und wirklich froh du darüber bist, dass du nun dein Können auf der Bühne zeigen kannst.

3. Beseitige deine Nervosität, indem du deinen Körper anspannst und wieder entspannst.

4. Nimm zwei Stunden oder unmittelbar vor deinem Auftritt ein kurzes Bad. Wenn dazu keine Zeit ist, dann wasche alle deine Körperöffnungen mit kaltem Wasser.

5. Demut ist sehr anziehend und wird deine Zuschauer dazu bringen, dir mit freundlicher Aufmerksamkeit und Sympathie zu begegnen, während Stolz in ihnen Spott oder Teilnahmslosigkeit hervorruft. Ein Minderwertigkeitskomplex wird bei deinen Zuschauern Zweifel, Mangel an Fröhlichkeit und Mitleid bewirken. Ein Minderwertigkeitskomplex wird bewirken, dass du deine wahren Fähigkeiten und das positive Ergebnis deines Auftritts unterschätzt, und das wird wiederum deine wahren Fähigkeiten zerstören. Echtes Vertrauen in deine Fähigkeiten und die Erwartung eines positiven Ergebnisses – da du ja Gott auf deiner Seite hast – werden dich wirklich glücklich und ausgeglichen machen und das wird sich auch auf deinen Auftritt auswirken. Entschließe dich, wirklich dein Allerbestes zu geben, damit die Menschen dort draußen deinen Auftritt wirklich genießen können.

6. Nimm dir den besten Lehrer, der dir die besten Techniken für Schauspiel, Sprechen oder Singen beibringen kann, und dann meistere diese Techniken mit all deiner Aufmerksamkeit und Eingebung selbständig.

7. Iss nur sehr wenig, etwa um 14.00 Uhr, wenn du deinen Auftritt um 20.00 Uhr hast. Ein Magen, der mit Essen überladen ist, muss seine Kraft zur Verdauung einsetzen und hat keine für den Auftritt übrig.

Du solltest diese Techniken mit deiner ganzen Intelligenz, deiner Inspiration und Gottestrunkenheit jeden Tag praktizieren. Versuche bei jeder Arbeit, die du verrichtest, zu spüren, dass Gott sich durch dich manifestiert.

Eine Form der Angst ist die Angst vor dem Tod. Der Tod sollte als universelle Erfahrung angesehen werden, als eine Veränderung, die jeder Mensch erleben wird. Man sollte ihn als etwas Gutes ansehen, als neue Gelegenheit, als Ruhe von dem ermüdenden Kampf hier auf der Erde. Außerdem gibt es nichts zu befürchten, denn solange du noch nicht tot bist, bist du lebendig, und wenn du tot bist, dann ist alles vorbei und dann gibt es nichts mehr, über das du dir Sorgen machen müsstest.

Todesangst ist die Folge der größten Unwissenheit des Menschen und sie lähmt deine Aktivitäten, dein Denken und dein Streben. Lebe heute gut – der nächste Schritt wird dann schon von allein kommen. Tröste dich damit, dass jeder andere auch schon gestorben ist – ob er nun ein Heiliger war oder ein Sünder – und dass der Tod deshalb wie eine Art Ferien von dem anstrengenden Lebensalltag ist.

Nervosität ist scheinbar eine leichte Krankheit, aber in Wirklichkeit ist sie sehr kompliziert und auch sehr unangenehm. Wenn du nervös bist, dann ist es sehr schwer, irgendeine Krankheit zu heilen, die dich befällt. Denn wenn du nervös bist, kannst du dich nicht konzentrieren und wirkungsvoll an dir arbeiten, um erfolgreich zu sein. Wenn du nervös bist, dann kannst du nicht tief meditieren und so deinen Frieden und deine Weisheit finden. Nervosität beeinträchtigt also alle normalen Funktionen des menschlichen Körpers und Geistes. Sie setzt die körperliche, geistige und spirituelle Maschinerie außer Kraft.

Nervosität kann die Folge großer und dauerhafter Aufregung sein, wenn du beispielsweise deine Sinne, dein Denken und deine Gefühle exzessiv stimuliert hast. Oder wenn bei dir die Notwendigkeiten für ein normales und glückliches Leben fehlen – wie geeigneter Sport, frische Luft, Sonne, richtiges Essen, eine Arbeit, die einem Spaß macht, und ein Sinn in deinem Leben – dann wird Nervosität verschlimmert. Manchmal ist dieser Mangel sogar die Ursache dafür. Nervosität ist in hohem Maße ansteckend und kann auch durch Kontakt mit nervösen, fehlersuchenden oder auf andere Weise unangenehmen Menschen verursacht werden.

Jede ständige geistige oder körperliche Aufregung stört das Gleichgewicht des Flusses der Lebensenergie durch dein Nervensystem. Wenn du einen 2 000-Volt-Strom durch eine 50-Watt-Birne fließen lässt, dann wird der Strom die Birne schädigen oder zerstören. Auf dieselbe Weise stört eine zu starke Stimulantien die Funktion deines Nervensystems. Wenn elektrische Verbindungen in einer Fabrik gestört sind, dann kann ein Elektriker oder Elektroniker dies reparieren, aber wenn Nerven beschädigt sind, dann kann sie nichts ersetzen.

Analysiere dich also und entdecke, wo Ärger, Furcht, Sorgen und ähnliche Emotionen in dir Nervosität verursachen können. Furcht und Sorgen sind nahe verwandt: Sorgen beinhalten normalerweise Angst, dass etwas Unerwünschtes geschehen könnte. Was du aber befürchtest, geschieht in Wirklichkeit nur selten, deshalb kann eine ruhige Analyse der Situation oft die Sorgen beseitigen.

Wenn du ärgerlich bist, dann brennen buchstäblich deine Gehirnzellen. Wenn du dir Sorgen machst, dann lähmst du deine Gehirnzellen. Angst verbrennt die Nervenenden. Zu viel Schlaf ist wie eine Droge für die Nerven und zu wenig Schlaf schädigt sie. Die Kur hier besteht darin, möglichst immer ruhig zu bleiben und einfach dein Bestes zu tun. Wenn du dir über irgendetwas Sorgen machst, dann musst du erst einmal die Fakten sortieren, dann dein Bestes tun und dann über die Welt lachen. Du wirst merken, dass die göttlichen Gesetze dich immer beschützen.

Erinnere dich, Gott ist immer bei dir. Je mehr du meditierst und versuchst, mit Ihm in Kontakt zu kommen, desto öfter wirst du Ihn in deiner Nähe spüren. Angst ist eine unnötige Emotion. Du brauchst vor nichts Angst zu haben.

Wenn du einfach nur nervös bist, dann dusche kalt oder bespritze dein Gesicht mit kaltem Wasser. Teilfasten – das Überspringen von Frühstück oder Mittagessen – kann auch hilfreich sein. Ernähre dich gut, aber vor allem achte darauf, in Gesellschaft ruhiger, bedachtsamer Menschen zu sein.

Sei immer ruhig, sei aktiv ruhig und ruhig in deinen Aktivitäten. Halte dich dann und wann außerhalb der Stadt auf.

Am wichtigsten aber: Lerne die Methode der Energiekontrolle. Dein Körper ist wie eine kleine Blubberblase aus Energie in einem kosmischen Energiemeer. Du kannst der kosmischen Energie begegnen und sie durch die Energetisierungs-Übungen[1] in deinen Körper bringen.

Nervös zu sein, heißt, im Hades zu sein. Ruhig zu sein, heißt, bei Gott zu sein. Iss gut, faste einmal pro Woche, halte deine Wirbelsäule aufrecht, lerne die Methoden der Meditation und Energetisierung, halte deinen Körper frei von Giftstoffen und du wirst von deiner Nervosität befreit werden.

**Definition:** Nervosität bedeutet Ruhelosigkeit im Geist, die durch die Nerven schwingt.

---

1 Yogananda entwickelte eine Übungsserie, die er die „Energetisierungsübungen" nannte und mit der man den Körper bewusst mit Energie aufladen kann. Ein Handbuch über diese Übungen ist von Crystal Clarity Publishers unter der Nummer 800-424-1055 erhältlich.

**Psychische Symptome der Nervosität**

- Ungeduld
- Unvorsichtigkeit
- vom Temperament anderer beeinflusst werden
- Angst, Wut und Eifersucht
- übermäßige Vorstellungskraft
- ununterbrochene Gehirnaktivität (zu viele Theaterbesuche, Musik, Tanzen)
- sinnloses Leben, aufregende Existenz
- Denken und Vernunft werden von den Nerven beherrscht.
- aufregende Träume

**Psychophysische Symptome der Nervosität**

- Zittern von Kopf oder Händen
- Hochziehen der Lippen
- rastlose Finger
- unwillkürliche Bewegungen von Körperteilen
- Zusammenzucken
- Herzprobleme
- Halluzinationen
- übereilte Reaktionen (die Nerven handeln, bevor der Geist grünes Licht gegeben hat.)
- Schlaflosigkeit
- Schwatzhaftigkeit/Klatschsucht

**Hilfen zur Behebung von Nervosität**

- Vermeide saure eingelegte Gemüse, Gewürze, Zwiebeln und andere Anregungsmittel.
- Iss Bleichsellerie, Orangen, trinke Mandelmilch und iss Mandelbutter.

- Behandle evtl. Verdauungsstörungen und vermeide Verstopfung.
- Vermindere überhastetes Handeln und nervöse Angewohnheiten wie Kratzen, Fingertrommeln, das Gesicht zusammenziehen.
- Vermindere Überarbeitung.
- Nimm oft Bäder, reibe deine Haut vor dem Bad mit den Händen ab.
- Gehe früh ins Bett.
- Liege morgens nicht wach im Bett – stehe auf, wenn du aufwachst.
- Sei mäßig in deinen sexuellen Gewohnheiten.
- Spanne deinen Körper an und atme dabei ein, atme dann aus und löse die Anspannung und die Nervosität.
- Gehe täglich schnell spazieren.

**Psychische Mittel der Heilung**

- Vermeide Streit und Umgebungen, in denen viel gestritten wird.
- Wenn du dich für etwas entschieden hast, warte noch ein wenig, ehe du handelst.
- Bleibe nicht mit nervösen Menschen in einem Raum.
- Ersticke Aufregung im Keim.
- Vermeide laute Musik, wenigstens eine Zeitlang.
- Höre Geigenmusik.
- Gehe nicht in Filme mit aufregenden Szenen oder in Tragödien.
- Schlafe allein und leere sowohl deinen Körper als auch deinen Geist von allen Gedanken und Emotionen, bevor du einschläfst.

- Analysiere sorgfältig, was deine Ängste sind und worüber du dir Sorgen machst. Widerstehe dem Impuls, plötzlichen Emotionen und Aufregungen zu folgen. Versuche, die Ursache deiner Aufregung zu finden, und suche nach einer Lösung, lasse nicht zu, dass Ängstlichkeit die Herrschaft in deinem Denken übernimmt. Widerstehe dem Impuls, dass ein wiederkehrender Gedanke von dir Besitz ergreift.
- Suche die Gesellschaft von Menschen, die weiter entwickelt sind als du – Menschen mit einem kühlen und angenehmen Temperament.
- Reiße nicht regelmäßig vulgäre Witze.
- Übe, ruhig zu bleiben, und rede nicht so viel.
- Übe Konzentration und Meditation und bleibe verbunden mit ihren beruhigenden Wirkungen.
- Die meisten Gründe für Nervosität sind psychischer Natur, was sich lediglich durch den Körper ausdrückt, und eine einfache Analyse der Situation, die von einem Arzt, einem Psychoanalytiker oder mit Hilfe eigener, persönlicher Nachforschungen durchgeführt wird, kann eine sofortige Heilung hervorrufen.
- Vor allem aber übe Mäßigung bei allem, was du tust: beim Essen, bei körperlichen Freuden, beim Sex, bei der Arbeit, beim Geldverdienen und bei gesellschaftlichen Aufgaben. Das führt zu Glück, Gesundheit und geistiger Effektivität.

Die beste Art und Weise, sich von seiner Nervosität zu befreien, besteht darin, darauf zu achten, in welcher Gesellschaft du dich bewegst. „Sage mir, mit wem du umgehst, und ich sage dir, wer du bist“, sagt ein altes Sprichwort. Wir bevorzugen im allgemeinen die Gesellschaft von Menschen, die uns Komplimente machen, aber Komplimente schwächen uns in Wirklichkeit. Wir sollten uns lieber in der Gesellschaft von Menschen bewegen, die uns die Wahrheit sagen und uns helfen, bessere Menschen zu werden. Wenn wir uns nur in Gesellschaft von Menschen bewegen, die uns nur erzählen, wie wunderbar wir sind, dann ist das nicht gut für unser spirituelles Wachstum.

Es war einmal ein Mann, der kritisierte alles, was ein gewisser Meister tat. Dann starb dieser Mann und die Schüler berichteten dem Guru voll Freude, dass sein Kritiker endlich tot war. Der Meister begann zu weinen. Die Schüler waren überrascht und fragten ihn: „Warum weinst du denn? Du solltest froh sein, dass dieser schreckliche Mann endlich tot ist!“ Der Meister sagte: „Nein, ich bin unendlich traurig, mein geliebter Lehrer ist gestorben!“ Er erklärte, dass die Kritik dieses Mannes unendlich hilfreich für ihn gewesen war.

Ständig zu kritisieren, ist schlecht, aber Kritik zu ertragen und etwas Gutes daraus zu machen, ist wunderbar.

Achte darum darauf, mit welcher Sorte Menschen du dich umgibst. Halte dich in Gesellschaft von Menschen auf, die ruhig, stark und weise sind und über eine tiefgründigere Natur verfügen, als du selbst sie besitzt. Wenn ein Krimineller ins Gefängnis zu einem anderen Kriminellen gesteckt wird, der noch schlimmer ist als er selbst, dann tut ihm das nicht gut. Wenn er nämlich dann entlassen wird, sagen die Wärter zu ihm: „Na, wann sehen wir dich wieder?“ Wenn also nervöse Menschen in Gesellschaft anderer Menschen sind, die noch nervöser sind als sie selbst, dann hilft ihnen das nicht.

Die Gesellschaft von starken, glücklichen, fröhlichen, freundlichen und spirituellen Menschen ist von großem Nutzen für einen nervösen Menschen. Selbst wenn er sich nur ganz kurz in der Gesellschaft eines Heiligen aufhält, dann kann dies Wunder wirken und ihn zu einem ruhigen, bedachtsamen Menschen machen. Ein wirklich heiliger Mensch hat die Eigenschaft, dich von deinem Leiden zu befreien.

Es gibt eine sehr weit verbreitete Form der Nervosität: die Nervosität der Seele. Die Seele ist dann so identifiziert mit dem Körper, dass sie ihr wahres Wesen vergessen hat. Seelennervosität kann nur durch Meditation geheilt werden – indem du nämlich deine Aufmerksamkeit von deinen Sinnesnerven weg zur Wahrnehmung der unendlichen Glückseligkeit in deinem Inneren verlagerst, und deine Wahrnehmung sich von der Vielfalt körperlicher Empfindungen weg- auf das unendliche Wesen zubewegt, die dein wahres Selbst ist.

Wenn du gesund bist, wünschst du dir Wohlstand, und wenn du beides hast, dann wünschst du dir Glück. Nichts wird dich zufrieden machen – es sei denn, du findest Gott.

Wenn du erkennst, dass du eins mit Gott bist, dann wird deine Nervosität verschwinden. Dein spirituelles Selbst ruft jeden Tag nach dir. Du musst nur erkennen, dass du nicht dein Körper bist, sondern das unendliche Selbst, das in ihm wohnt.

# KAPITEL 5

# NEGATIVE EMOTIONEN BESEITIGEN

Denke immer daran: Ich habe die absolut faszinierendste Aufgabe zu erledigen. Sie hält mich so beschäftigt, dass ich keine Zeit oder Energie mehr habe, mich um die Belange anderer Menschen zu sorgen. Ich habe damit zu tun, mich aus dem Zustand der Unwissenheit emporzuheben in einen Zustand des Verständnisses und der Erleuchtung. Meine ganze Aufmerksamkeit ist gefordert, um mein Denken und meine Emotionen von Wut, Eifersucht, Stolz, Rachsucht, Furcht, dem Gefühl von Mangel und Krankheit zu befreien. Diverse Hindernisse muss ich überwinden und für alle Zeit verjagen, sodass – wenn einmal die Überreste der Negativität in mir geklärt sind – das klare Wasser des Lebens in mir wieder zu sprudeln beginnt und frei durch mich hindurchfließt, um alle zu segnen. Das ist meine wahre Arbeit. Wie kann ich mich dabei von irgendetwas anderem ablenken lassen, das weniger wertvoll ist?

Wut ist kein Gegenmittel für Wut. Eine fürchterliche Wut kann vielleicht eine schwache Wut unterdrücken, aber sie wird sie niemals ganz ausmerzen. Wenn du deshalb wütend bist, sage einfach gar nichts. Stelle dir deine Wut wie eine Krankheit vor, wie eine Erkältung zum Beispiel, und durchbrich sie mit geistigen warmen Bädern, indem du beispielsweise an diejenigen denkst, auf die du niemals wütend sein könntest, ganz gleich, wie sie sich benehmen. Wenn deine Wut droht, gewalttätig zu werden, dann dusche kalt, lass' die Brause auch über deinen Kopf fließen oder lege Eis auf die Medulla in deinem Nacken und auf deine Schläfen unmittelbar über den Ohren, auf deinen Oberkopf und auf deine Stirn, besonders zwischen deine Augenbrauen.

Wenn du merkst, dass du wütend zu werden drohst, dann setze deine ganze Maschinerie der Ruhe in Gang: Lass deine Ruhe den Motor des Friedens, der Ruhe und der Vergebung anwerfen. Mit diesen Gegenmitteln zerstöre deine Wut. Denn genauso, wie du nicht willst, dass jemand wütend auf dich ist, willst du doch sicher nicht, dass du andere mit deiner hässlichen Wut beeinträchtigst. Denke in Liebe. Wenn du wie einst Christus auf die Streithähne schauen kannst, dann wirst du sie wie kindliche Brüder erleben, die sich gerade verletzen (denn sie wissen nicht, was sie tun), und dann kannst du auf niemanden mehr wütend sein. Unwissenheit ist die Mutter aller Wut.

Entwickele deine spirituelle Vernunft und zerstöre mit ihr all deine Wut. Schaue jeden, der dich wütend machen kann, wie ein Kind Gottes an, wie deinen kleinen, fünf Jahre alten Bruder, der dich unwissentlich vielleicht verletzt hat. Du brauchst dich dann nicht mehr rächen zu wollen und ihn deinerseits verletzen. Eliminiere deinen Ärger, indem du dir sagst: „Ich werde meinen Frieden nicht durch Wut vergiften, ich will meine Gewohnheit, natürlich fröhlich zu sein, nicht durch einen Wutanfall kaputtmachen lassen."

Wenn dich ein Verlangen überkommt und es irgendwie gestört wird, dann ist die natürliche Empfindung, die man in sich spüren kann, Wut. Also solltest du als Erstes herausfinden, ob dein Verlangen ein positives oder ein negatives Verlangen war. Wenn es ein negatives Verlangen war, dann solltest du froh sein, wenn jemand es dir genommen hat. Bleibe ruhig, bleibe fest in deiner Entschlossenheit.

Wenn du von einem Wutanfall überwältigt wirst, dann vergisst du dich. Wenn du dich vergisst, dann tendierst du dazu, falsche Dinge zu tun, und diese werden wiederum zu Werkzeugen deiner Unwissenheit. Wenn also etwas schiefgegangen ist, korrigiere den Fehler. Schaue alle Dinge mit Intelligenz und Friedfertigkeit an. Das göttliche Gesetz wird dir den besten Weg dazu zeigen. Wenn du jemanden nicht besiegen kannst, dann bringe ihn dazu, dass er sein Schwert beiseitelegt. Besiege das Böse mit Liebe: Das ist göttliche Stärke. Sie ist viel stärker als Wut. Ein Mensch, der wütend auf dich ist, sollte von dir ein Meer der Liebe und Ruhe zurückbekommen, sodass das Feuer seiner Wut darin gelöscht wird. Übe dich darin, denjenigen, die wütend sind, deine Liebe, dein Verständnis und deine Ruhe zu schenken.

Wenn du selbst wütend bist, dann bist du wie in einem Backofen. Alle deine Nerven, dein Fleisch und deine Gehirnzellen werden im Feuer der Wut geröstet, was manchmal sogar den Tod hervorrufen kann. Wut, die bis zum Extrem gebracht wird, ist für Körper, Geist und Seele nicht sicher. Viele Krankheiten werden durch Wut verursacht, was auch deine Gesichtszüge älter aussehen lässt und dich insgesamt schneller altern lässt. Lasse also nicht zu, dass dein Gesicht und dein Geist auf diese Weise schneller altern, denn du bist nach dem Bild Gottes geschaffen worden.

Jesus zeigte, wie großartig er war, als er sagte: „Vater, vergib ihnen, denn sie wissen nicht, was sie tun." Dadurch zeigte er, dass er Gott war. Wenn er in seiner Wut die ganze Macht eingesetzt hätte, die sein Eigen war, um die anderen zu zerstören, würde dann die ganze Menschheit ihn heute noch anbeten? Nein! Er zeigte allen seine gottähnlichen Eigenschaften und wird deshalb bis heute in jedem Herzen bewahrt. Er ist die Lichtgestalt, die wir bis in alle Ewigkeit in uns tragen: ein Licht, das uns wärmt und das uns Stärke gibt.

Jeder Morgen ist der Anfang eines neuen Tages – und eines neuen Jahres. Wenn ich meinen Körper reinige und ihn für den neuen Tag fertigmache, dann reinige ich gleichzeitig meinen Geist von allen Ängsten, allen Vorurteilen und aller Negativität.

Wenn du krank bist, dann konzentriere dich nicht auf die Dauer deines Leidens, sondern sieh dich selbst als Jungbrunnen und erinnere dich an all die Jahre der Gesundheit, die du schon verbracht hast. Und was du gehabt hast, kannst du auch wiederbekommen, wenn du es stark genug willst. Aufzugeben ist auf lange Sicht der schwerere, nicht so sinnvolle Weg. Es wirklich zu versuchen, bis du es geschafft hast, ist letztlich der leichtere Weg.

Verbanne darum deine Traurigkeit durch deine Freude, zerstöre deine krankmachenden Gedanken und die Vorstellung, dass du es nicht schaffen wirst, durch die Erfrischung deines Erfolgsbewusstseins. Lasse deine Sorgen in den Flammen deines Glücksgefühls verbrennen. Verbanne die Ruhelosigkeit und Unwissenheit von den Ufern deines Denkens. Richte das Königreich der Ruhe in deinem Inneren ein und der Gott des Glückes wird ohne Bedingungen, Einladung oder Gebet bei dir einziehen.

Ein Minderwertigkeitskomplex entsteht, wenn man im Kontakt mit geistig schwachen Menschen ist und mit seinem eigenen angeborenen Unterbewusstsein auf sie reagiert. Ein Überlegenheitskomplex entsteht durch falschen Stolz und durch ein aufgeblasenes Ego. Sowohl der Minderwertigkeitskomplex als auch der Überlegenheitskomplex sind schlecht für die Selbstentwicklung. Beide werden durch Fantasien aufrechterhalten, denn keiner von ihnen gehört zum wahren, allmächtigen Wesen der Seele. Entwickle darum dein Selbstvertrauen, indem du deine Schwächen überwindest. Gib deinem Selbstvertrauen einen guten Nährboden, indem du dich auf deine wahren Erfolge besinnst, und so wirst du sowohl von falschen Minderwertigkeits- als auch Überlegenheitskomplexen frei werden.

Sei vor dem Einschlafen abends mindestens zehn Minuten lange ruhig und still, besser noch etwas länger, ebenso morgens, bevor du aufstehst. Das wird dir ein unveränderbares Gefühl von Glückseligkeit verleihen und dir die Kraft und die Stärke geben, den vielen Herausforderungen des Alltags begegnen zu können. Strebe danach, deinen täglichen Bedürfnissen mit deinem unveränderlichen inneren Glücksgefühl zu begegnen. Strebe danach, immer glücklicher zu sein und immer weniger dem Verlangen nachzugeben, Dinge anzuhäufen. Sei innerlich so glücklich, dass nichts, was immer auch geschieht, dich unglücklich machen kann. Sei glücklich, weil du weißt, dass du die Macht erlangt hast, nicht negativ zu sein, und weil du weißt, dass du mit deinem Willen alles erreichen kannst, was du möchtest.

# KAPITEL 6

# WISSENSCHAFTLICHE HEIL-AFFIRMATIONEN FÜR INNERE STÄRKE

Auszug aus dem Buch „Wissenschaftliche Heilaffirmationen" von Paramhansa Yogananda, Ausgabe 1924:

## *Die spirituelle Kraft des Wortes*

Das Wort des Menschen ist Gott im Menschen. Worte sind Klänge, die von den Schwingungen des Denkens hervorgebracht werden. Jedes Wort, das deinen Mund verlässt, sollte deshalb die Macht echter Seelenschwingung aufweisen. Die Worte der meisten Menschen enthalten kein Leben, denn sie werden automatisch gesprochen, ohne dass sie mit der Macht der Seele ausgestattet wären. Zu viel Reden, Übertreibung oder Falschheit schwächen die Macht deiner Worte. Das ist der Grund dafür, dass Gebete oder Worte solcher Menschen niemals die erwünschten Ergebnisse bringen können. Jedes Wort, das du sprichst, sollte nicht nur die Wahrheit repräsentieren, sondern auch wenigstens etwas von deiner erleuchteten Seelenkraft. Worte ohne Seelenkraft sind wie Schoten ohne Inhalt.

Worte dagegen, die gefüllt sind mit Aufrichtigkeit, Überzeugungskraft, Glauben und Intuition, sind wie Schwingungsbomben, die die Felsen der Schwierigkeiten zum Explodieren bringen und die erwünschten Veränderungen hervorbringen können. Vermeide daher unangenehme Worte zu sprechen, selbst, wenn sie wahr sind.

Aufrichtige Worte und Affirmationen, die mit Verständnis, Gefühl und Bereitschaft ausgesprochen werden, können mit Sicherheit die allgegenwärtige kosmische Schwingungskraft bewegen, dir bei deinen Schwierigkeiten zur Hilfe zu eilen.

Wende dich darum mit unendlichem Vertrauen an diese Kraft und vertreibe alle Zweifel. Wenn deine Affirmationen mit Unglauben gesprochen werden oder wenn du nur daran denkst, wie du dein Ziel erreichen könntest, dann wird deine Konzentration von deinem Ziel abgezogen. Du solltest nicht die Schwingungssamen deines Gebetes in den Boden des kosmischen Bewusstseins geben und dann den Boden wieder umgraben, um nachzusehen, ob das erwünschte Ergebnis schon gekeimt hat.

## *Die gottgegebene Macht des Menschen*

Man soll sich daran erinnern, dass es keine größere Macht gibt als das kosmische Bewusstsein Gottes. Deshalb solltest du auch nur Seine Hilfe erbitten. Das bedeutet nicht, dass du dich passiv machen solltest, träge oder vertrauensselig oder dass du die Macht deines Geistes herunterspielen solltest. Erinnere dich: Gott hilft denen, die sich selber helfen. Er hat dir Willenskraft geschenkt, Konzentrationsfähigkeit, Glauben, gesunden Menschenverstand und Vernunft, die du einsetzen kannst, um dir bei deiner Heilung zu helfen. Aber wenn du deine Willenskraft und deinen gesunden Menschenverstand nur einsetzt, um den Zielen deines Egos zu dienen, wirst du dich von der göttlichen Macht abkoppeln. Spüre darum immer, dass du deine eigene, *gottgegebene Macht* einsetzt, um dich oder andere zu heilen. Du musst ein Gleichgewicht finden zwischen dem alten Glauben, dass alles nur von Gott abhängt, und der modernen Vorstellung, dass du alles mit deinem Ego schaffen kannst.

## *Geistige Verantwortung für chronische Krankheiten*

Wenn man versucht, eine körperliche Krankheit durch körperliche oder geistige Methoden loszuwerden, dann konzentriert man sich oft mehr auf die Kraft der Erkrankung statt auf die Möglichkeiten der Heilung. Auf diese Weise bekommt die Erkrankung auch eine geistige und nicht nur eine körperliche Beschaffenheit. Das ist besonders wahr in allen Fällen, die mit Nervosität gekoppelt sind, die man immer noch lange Zeit spürt, obwohl die Krankheit bereits geheilt ist. Jede körperliche Wahrnehmung von Krankheit oder Gesundheit verursacht Spuren in deinen Gehirnzellen, was wiederum bestimmte Gewohnheiten verursacht, die entweder krank oder gesund machen können.

Die unterbewusste Gewohnheit eines krank- oder gesundmachenden Bewusstseins übt einen starken Einfluss darauf aus, wie deine chronischen Probleme sich weiterentwickeln. Chronische geistige und körperliche Probleme haben immer ihre tiefergehenden Wurzeln im Unterbewusstsein. Bei einer geistigen oder körperlichen Störung sollte man in der Lage sein, diese Wurzeln aus dem Unterbewusstsein auszureißen. Das ist der Grund dafür, dass alle Affirmationen, die man mit seinem bewussten Geist praktiziert, eindrücklich genug sein sollten, damit sie auch in den Gewohnheiten des unterbewussten Geistes überleben können, der wiederum automatisch den bewussten Geist beeinflusst. Starkes, bewusstes Affirmieren wird deshalb durch das Unterbewusste verstärkt.

Ein noch stärkerer bewusster Wille oder vollständige Andacht und Hingabe erreichen nicht nur das Unterbewusste, sondern auch das Gottesbewusstsein, das magische Lager aller wunderwirkenden geistigen Kräfte.

Individuelle Affirmationen sollten mit voller Bereitschaft, vollem Gefühl, Intelligenz und Hingabe praktiziert werden, manchmal laut (wenn niemand zuhört), aber häufiger mental, still und mit stets zunehmender Intensität der Aufmerksamkeit. Die Aufmerksamkeit direkt am Anfang einer Affirmation sollte zunehmend stärker werden und du solltest niemals zulassen, dass sie abnimmt. Wenn deine Aufmerksamkeit abnimmt, solltest du dich immer wieder auf die vor dir liegende Aufgabe konzentrieren.

Achtsame, intelligente Wiederholung und Geduld erzeugen Gewohnheit und deshalb sollten diese Elemente während aller Affirmationen angewandt werden. Tiefe und langandauernde Affirmationen zur Heilung chronischer Krankheiten sollten geistig geübt werden, bis sie Teil deiner intuitiven Überzeugungen werden. Wenn du keine Veränderung erzielst oder im Gegenteil eine Verschlimmerung geschieht (was selten ist), dann solltest du das ignorieren. Es ist besser, mit der Überzeugung zu sterben, dass du geheilt werden wirst (wenn der Tod näher kommt), als mit dem Bewusstsein, dass eine geistige oder körperliche Erkrankung unheilbar ist.

Du solltest dich darüberhinaus auch an eine weitere Tatsache stets erinnern: Obwohl der Tod nach dem derzeitigen Wissensstand des Menschen das notwendige Ende des Körpers ist, kann der Zeitpunkt des Todes durch die überbewusste Macht der Seele verändert werden. Um das Überbewusstsein zu erlangen, müssen deine Affirmationen frei von allen Ungewissheiten, Zweifeln und Unaufmerksamkeiten sein. Aufmerksamkeit und Hingabe sind die Lichter, die sogar blind ausgesprochene Affirmationen zum Unterbewusstsein und zum Überbewusstsein lenken können. Je größer die Macht deiner Aufmerksamkeit und Hingabe ist, desto weiter können die Schwingungen der unterschiedlichen Affirmationen reichen und ihre unterbewussten oder überbewussten Ziele erreichen.

Fantasie, Überzeugung und Vernunft, Glauben, Gefühl, Willen und Handlung können je nach der Persönlichkeit des Praktizierenden die Affirmationen begleiten. Nur wenige Menschen verstehen jedoch, was damit gemeint ist. Coué[2] wollte alle Menschen durch Autosuggestion heilen. Aber der Intellektuelle ist nicht offen für Suggestionen, er braucht vielmehr, dass er die Macht des Geistes über den Körper nachvollziehen kann. Autosuggestion ist auch machtlos bei einem Menschen mit starker Willenskraft. Dieser braucht eine Anregung seiner Willenskraft statt verstärkter Imagination, wenn er sich von seiner Krankheit heilen will.

Yogoda[3] lehrt durch die Kunst der Konzentration und Meditation und durch Willenskontrolle, wie man den Lebensstrom direkt und unmittelbar einsetzt, um sich selbst und andere zu heilen. Niemand sollte jemals die Bedeutung wiederholter, immer tiefer gehender Willensanstrengungen oder imaginierter Affirmationen herunterspielen, die hier gegeben werden, um schlechte Gewohnheiten oder körperliche oder geistige Schwierigkeiten zu heilen.

---

2 Émile Coué (1857 – 1926) war ein französischer Apotheker, der eine Psychotherapiemethode lehrte, bei der man eine häufig wiederholte Affirmation einsetzte: „Jeden Tag geht es mir in jeder Weise besser und besser."

3 Yogoda ist die Bezeichnung, die Yogananda erfand, um seine Lehren mit einem Begriff zu beschreiben. Er übersetzte diesen Begriff poetisch als die „harmonische Entwicklung aller menschlichen Eigenschaften." Wörtlich übersetzt bedeutet dieser Begriff „dasjenige, das Yoga, die göttliche Einheit, vermittelt."

## *Glauben ist wichtiger als Zeit*

Spontane Heilungen körperlicher, geistiger oder spiritueller Krankheiten können zu jedem Augenblick geschehen. Die angehäufte Dunkelheit der Epochen wird von einem auf den nächsten Moment zerstört, wenn man das Licht dorthin bringt, nicht dadurch, dass man versucht, die Dunkelheit zu vertreiben.

Man kann nie sagen, wann jemand geheilt werden wird, deshalb erwarte keine Spontanheilungen oder Heilung zu irgendeinem zukünftigen Zeitpunkt. Glauben, nicht Zeit, wird bestimmen, wann die Heilung eintritt. Ergebnisse hängen davon ab, ob deine Lebensenergie auf die rechte Weise erwacht, und auch davon, in welchem geistigen und unterbewussten Zustand der Mensch sich befindet.

Anstrengung und Aufmerksamkeit sind absolut erforderlich, um den Willen oder den Glauben oder die Imagination zu wecken. Wenn sie in rechter Weise stimuliert werden, dann treiben sie automatisch die Lebenskraft an, die Heilung zu vollziehen. Verlangen oder Erwartung, dass bestimmte Resultate sich einstellen, schwächen die Macht der Aufmerksamkeit. Ohne Willen oder Glauben verharrt die Lebensenergie im Schlaf und Heilung kann nicht stattfinden.

Es braucht Zeit, um bei einem Patienten, der an einem chronischen Problem leidet, seinen bereits geschwächten Willen, seinen verminderten Glauben oder seine unterentwickelte Imaginationskraft wiederzuerwecken, denn seine Gehirnzellen sind bereits mit seinem Problembewusstsein durchsetzt.

## *Klassifizierung der Heilung*

- Heilung körperlicher Krankheiten.
- Heilung psychischer Krankheiten, wie Angst, Wut, schlechte Gewohnheiten, Versagensgefühle, Mangel an Selbstvertrauen.
- Heilung spiritueller Krankheiten wie Gleichgültigkeit, sinnloses Leben, intellektueller Stolz, Dogmatismus, Skeptizismus, Unwissenheit über die eigene Göttlichkeit.

Es ist überaus bedeutsam, dass allen drei Arten von Krankheiten der Prävention und Heilung eine gleichrangige Bedeutung zukommt. Alle verursachen Leid und müssen deshalb mit möglichen Heilmethoden behandelt werden.

Die Aufmerksamkeit der meisten Menschen ist ausschließlich fixiert auf die Heilung körperlicher Krankheiten, da diese so greifbar sind. Aber die Menschen erkennen nicht, dass ihre geistigen Probleme – ihre Ängste und ihre Verzweiflung, ihre Sorgen und ihre Wut, ihr Mangel an Selbstkontrolle und ihr spirituelles Leid durch ihre Unwissenheit über die Bedeutung des menschlichen Lebens – sogar noch wichtiger und überwältigender sind. Alle körperlichen Erkrankungen haben ihren Ursprung in geistiger und spiritueller Disharmonie. Unwissenheit über das Gesetz der geistigen Hygiene und der spirituellen Lebenskunst sind verantwortlich für alle menschlichen körperlichen und materiellen Leiden. Wenn der Geist frei ist von den geistigen Bakterien der Wut, der Sorgen, der Angst usw., dann ist die Seele auch frei von Unwissenheit und keine materielle Krankheit, kein Mangel kann daraus entstehen.

## *Prävention geistiger Krankheiten*

Kultiviere Frieden und Glauben an das kosmische Bewusstsein. Befreie deinen Geist von allen störenden Gedanken und fülle ihn stattdessen mit Frieden und Freude. Erkenne die Überlegenheit der geistigen Heilung über die körperliche Heilung. Halte dich fern davon, schlechte Gewohnheiten anzunehmen, die das Leben armselig machen.

## *Prävention spiritueller Krankheiten*

Glaube fest daran, dass du nach dem Bild des Vaters geschaffen wurdest und dass du deshalb unsterblich und vollkommen bist wie Er. Wenn ein Teilchen Materie unzerstörbar ist, wie die Wissenschaft bewiesen hat, dann ist auch die Seele unzerstörbar. Materie verändert sich ständig und auch die Seele erlebt unterschiedliche Erfahrungen. Der Tod, die Veränderung der Form eines Gegenstandes, zerstört oder verändert nicht seine Essenz.

Wende die Erfahrungen von Frieden und Gelassenheit, die du in deiner Konzentration und Meditation erworben hast, in deinem täglichen Leben an. Behalte dein Gleichgewicht auch in herausfordernden Umständen bei und bleibe unerschütterlich, wenn andere gewaltsame Emotionen zeigen oder wenn du schlechte Erlebnisse hast.

## *Körper und Bewusstsein im Traumzustand*

Wenn er träumt, sieht ein Mensch sich vielleicht fröhlich in einem Garten herumtoben – und plötzlich hat er die Leiche eines guten Freundes vor sich liegen. Er wird von Trauer ergriffen, beginnt zu weinen, leidet an schrecklichen Kopfschmerzen und spürt sein Herz wehtun. Dann wacht er auf und lacht über seine illusionäre Traumerfahrung. Was aber ist der Unterschied zwischen den Erfahrungen eines Menschen im Traumzustand und den Erlebnissen, wenn er wach ist? Das Bewusstsein von Materie und Bewusstheit ist in beiden Zuständen vorhanden. Der Unterschied aber liegt darin, dass der schlafende Mensch Materie und Bewusstheit in seinem Traum erzeugt.

## *Die Illusion der Welt*

Wenn eine solche illusionäre Schöpfung im Traum eines Menschen möglich ist, dann ist es unschwer vorstellbar, dass die unendlich mächtige kosmische Bewusstheit einen beständigeren und realistischeren Traum im menschlichen Bewusstsein erzeugen könnte, und zwar durch die Macht von *maya* (der Täuschung).

Diejenigen, die Gesundheit und Glück suchen, die Krankheit oder schmerzliche Verluste fürchten, leben unter der falschen Annahme, dass Gesundheit etwas anderes ist als Krankheit, dass Verluste etwas anderes sind als Freude. Wenn ein Mensch seine wahre Natur erkennt, dann verschwindet jede Dualität und jeder Mangel wird als Illusion erkannt, worauf alles Verlangen verschwindet.

Für diejenigen, die das kosmische Bewusstsein noch nicht verwirklicht haben, ist es nicht sinnvoll, die Heilkräfte von Kräutern und Medikamenten zu verweigern. Auch wenn sie Affirmationen zur Heilung benutzen, gibt es keinen Grund, körperliche Heilmethoden zu verschmähen, denn sie sind das Ergebnis der Forschungen in Gottes materiellen Gesetzen.

## *Wie man Affirmationen praktiziert*

Affirmationen sollten mit lauter Stimme gesprochen werden, dann leiser, bis man nur noch flüstert und dann zu einem rein mentalen Chanten werden. Mit Achtsamkeit und Hingabe sowie mit tiefer Überzeugung bringe dabei den Gedanken aus dem auditiven Sinneskanal des bewussten Geistes in den unterbewussten Geist und dann zum Überbewusstsein. Diese Affirmationen können so alle diejenigen heilen, die an sie glauben.

Die Wiederholung der Affirmationen geht also von lautem Chanten zum flüsternden Chanten zum unterbewussten Chanten und schließlich zum überbewussten Chanten.

Wenn dein Chanten im Unterbewusstsein angekommen ist, dann wird es still und automatisch, es ist ausschließlich in deinem Innern aktiv. Überbewusstes Chanten geschieht, wenn die Schwingungen des stillen, inneren Chantens zur Erkenntnis werden und wenn sie sowohl im bewussten wie auch im unterbewussten und im überbewussten Geist eingebettet sind. Wenn man die Aufmerksamkeit ununterbrochen auf die wahre kosmische Schwingung ausgerichtet hält und nicht auf einen fantasierten Klang, dann ist das überbewusstes Chanten.

## *Überbewusstsein, nicht Unterbewusstsein*

Ein weiterer, wichtiger Punkt, den man bedenken sollte, besteht darin, dass man bei einem Wechsel des Stadiums des Chantens auch seine geistige Ausrichtung verändern sollte. Dabei sollte die Konzentration immer tiefer werden. Das Ziel besteht darin, den Singenden, den Chant und den Prozess des Chantens eins werden zu lassen. Der Geist sollte dabei nach und nach immer tiefer sinken – nicht in das Unterbewusstsein oder in eine Geistesabwesenheit – sondern er sollte in einem solchen Zustand der Konzentration absoluten Bewusstseins verweilen, dass alle Gedanken verschwinden und sich zu dem einen, höchsten Bewusstsein verbinden, wie Teilchen, die von einem Magneten unwiderstehlich angezogen werden.

## *Körperliche Energiezentren*

Während der verschiedenen Affirmationen nimm wahr, wie die körperlichen Energiezentren reagieren, wenn du deine

Aufmerksamkeit auf sie lenkst. Das Herzzentrum beispielsweise, wenn es um Gefühle geht, die Medulla als Quelle deiner Energie und der Punkt zwischen den Augenbrauen, der den Willen erweckt. Wir wollen durch die Ausrichtung der Aufmerksamkeit unsere bewusste Kraft kultivieren, die sich dabei auf die Zentren des Denkens, des Fühlens und des Willens richten kann. Die Übenden sollten dabei zutiefst in die innere Bedeutung der Affirmationen eintauchen.

Die Haltung, die der Geist einnehmen sollte, sollte sich je nach Affirmation verändern: Willensaffirmationen sollten von einem starken Willen begleitet werden. Gefühlsaffirmationen sollten mit Hingabe gesprochen werden, Denkaffirmationen sollten die Intelligenz und die Andacht wecken, Imaginationsaffirmationen sollten begleitet sein von Fantasie und Glauben. Wenn man andere heilt, dann wähle eine Affirmation, die geeignet ist für das aktive, fantasievolle, emotionale oder intelligente Temperament des Patienten.

Bei allen Affirmationen ist das Wichtigste die Intensität deiner Aufmerksamkeit, aber Kontinuität und Wiederholung sind ebenfalls sehr wichtig. Durchdringe deine Affirmationen mit deiner Andacht, mit deinem Willen und deinem Glauben, wiederhole sie und lasse in deiner Intensität nicht nach. Mache dir dabei keine Gedanken über die Ergebnisse.

Absoluter Glaube an Gott und an seine wahren Schüler ist die großartigste Methode, durch die eine Spontanheilung erreicht werden kann. Es ist besser, beim Versuch zu sterben, diesen Glauben in dir zu erzeugen, als mit dem absoluten Vertrauen an die Medizin oder die Materie zu sterben.

## *Anleitung für die individuelle und die Gruppenpraxis*

**Zeit**

Individuelle Praxis: Unmittelbar nach dem Aufwachen am Morgen oder während der Periode der Schläfrigkeit vor dem Einschlafen am Abend.
Gruppenpraxis: jederzeit

**Ort**

An einem Ort ohne Lärm, soweit möglich. Wenn die Affirmationen an einem Ort voller Lärm praktiziert werden müssen, dann ignoriere, wenn möglich, die Störung und widme dich so hingebungsvoll wie möglich deinen Übungen.

**Methode**

Bevor du mit den Affirmationen anfängst, befreie den Geist von allen Sorgen und aller Unruhe. Wähle deine Affirmation und wiederhole sie anfangs laut, dann leiser und langsamer, bis sie zu einem Flüstern wird. Dann affirmiere sie nach und nach nur noch mental, ohne auch nur die Zunge oder die Lippen zu bewegen. Affirmiere geistig so lange, bis du spürst, dass du dich in eine tiefe, kontinuierliche Konzentration auflöst – in die bewusste Konzentration auf deinen ununterbrochenen Geist.

Wenn du dann mit deiner geistigen Affirmation weitermachst und immer tiefer kommst, wirst du ein starkes Gefühl zunehmender Freude und einen tiefen Frieden spüren, der dich überkommt. Während du dich dann noch weiter tief konzentrierst, wird deine Affirmation in den Strom des Unterbewusstseins eintauchen. Wenn du noch weitergehst, wird in dir eine Kraft entstehen, die dir hilft, deinen bewussten Geist durch das Gesetz der Wiederholung beeinflussen zu können. Während dieser Zeit, in der dein Gefühl des inneren Friedens beständig zunimmt, geht deine Affirmation nun noch tiefer, in den Speicher des Überbewusstseins, wo nicht nur dein bewusster Geist beeinflusst wird, sondern auch deine Träume sich auf materieller Ebene verwirklichen. Zweifle nicht und du wirst zum Zeugen des Wunders dieses wissenschaftlichen Glaubens werden.

Wenn du die Affirmationen in einer Gruppe machst, um körperliche oder geistige Erkrankungen in dir selbst oder bei anderen zu heilen, sollte sorgfältig darauf geachtet werden, dass die ganze Gruppe im gleichen Ton, mit gleicher geistiger Kraft, gleicher Konzentration und einem gleichmäßigen Gefühl für Frieden und Glauben übt. Schwächere Geister vermindern die vereinte Kraft, die aus solchen Gruppenaffirmationen hervorgeht, und können diesen Kraftstrom sogar von seinem suprabewussten Ziel ablenken.

Übt deshalb, ohne den Körper irgendwie zu bewegen, werdet nicht geistig unruhig und stört eure Nachbarn nicht. Die Stille des Körpers allein ist nicht genug. Deine Konzentration oder Unruhe auch deines Geistes beeinflussen das erwünschte Ergebnis entweder positiv oder negativ.

Die Affirmationen, die hier präsentiert werden, sind aus einer Inspiration der Seele entstanden. Sie sollten deshalb mit deinem Glauben und Vertrauen sowie mit deiner ganzen Konzentration gewässert werden und in einen Boden des überbewussten Friedens eingepflanzt werden.

Es gibt viele Prozesse, die dann zwischen dem Säen des Affirmations-Samens und seiner Ernte eine Rolle spielen können. Alle Bedingungen für sein Wachstum müssen erfüllt sein, damit das erwünschte Ergebnis sich einstellen kann. Die Affirmations-Samen müssen lebendig sein, frei von den Raupen des Zweifels, der Ruhelosigkeit oder der Unaufmerksamkeit, sie sollten mit vollem Vertrauen, Konzentration, Andacht und Frieden in die Geister und Herzen der Menschen eingepflanzt werden und sie sollten mit tiefen, frischen Wiederholungen gewässert werden.

Vermeide, die Affirmationen mechanisch zu wiederholen. Das ist die Bedeutung des göttlichen Gebotes: „Du sollst den Namen Gottes, deines Herrn, nicht missbrauchen“ (2. Mose 20). Wiederhole die Affirmationen fest und mit voller Absicht und Aufrichtigkeit, bis sie eine solche Macht bekommen, dass ein Gebot von dir ausreichend wäre, deine Körperzellen zu verändern oder deine Seele dazu zu bewegen, Wunder zu vollbringen.

## *Vorschläge für die Praxis*

1. Sitze in Richtung Norden oder Osten.

2. Schließe deine Augen und konzentriere deine Aufmerksamkeit auf die Medulla, es sei denn, etwas anderes ist angegeben. Halte die Wirbelsäule aufrecht, die Brust angehoben, den Bauch eingezogen. Entspanne dich

vollständig. Nimm einige tiefe Atemzüge – atme dreimal tief ein und aus.

3. Entspanne deinen Körper und halte ihn bewegungslos. Leere deinen Geist von allen unruhigen Gedanken, und ziehe ihn von allen Körperwahrnehmungen ab.

4. Fülle deinen Geist mit Andacht und festem Willen, spüre Ersteres in deinem Herzen und Letzteres am Punkt zwischen den Augenbrauen. Lasse deine Ängstlichkeit, dein Misstrauen und deine Sorgen los. Spüre in aller Ruhe, dass das göttliche Gesetz nur dann mit all seiner Allmacht arbeiten kann, wenn du es nicht mit deinen Zweifeln und deinem Unglauben ausschließt. Glaube und volle Konzentration ermöglichen dagegen, dass es unbeeinträchtigt für dich arbeitet. Konzentriere dich deshalb auf den Gedanken, dass alle körperlichen und geistigen Zustände veränderlich und heilbar sind und dass unsere Vorstellung von irgendetwas, das dauerhaft ist, einer Illusion entspringen.

5. Vergiss, was genau du heilen willst.

6. Bei Gruppenaffirmationen sollte der Anleiter die Affirmationen rhythmisch lesen und dabei aufstehen. Die Zuhörer sollten sie danach wiederholen und versuchen, denselben Rhythmus und dieselbe Tonmodulation zu erzeugen.

## *Wie du Erfolglosigkeit heilen kannst*

Erfolg stellt sich ein, wenn du den kosmischen und den materiellen Gesetzen gehorchst. Sowohl spiritueller wie auch materieller Erfolg müssen erworben werden. Materieller Erfolg besteht darin, alle Notwendigkeiten des Lebens zu verdienen. Geldverdienen sollte immer dazu benutzt werden, die Gesellschaft, das eigene Land und die Welt zu verbessern. Verdiene deshalb so viel Geld, wie du kannst, indem du deine Gemeinde, dein Land oder die Welt verbesserst, aber tue es nie so, dass du damit gegen die Interessen anderer handelst.

Es gibt geistige, unterbewusste und überbewusste Gesetze, die Erfolg bewirken und Misserfolg bekämpfen. Wenn du willst, dass das göttliche Gesetz, die überbewusste Macht, an deiner Seite steht und dich unterstützt, dann solltest du deine eigenen bewussten Bemühungen nicht aufgeben, aber du solltest dich auch nicht nur ausschließlich auf sie verlassen. Versuche bewusst, Misserfolge auszuschließen und erfolgreich zu sein, und spüre gleichzeitig, dass das göttliche Gesetz dir bei deinen Bemühungen zur Seite steht, damit du auch erfolgreich bist. Diese Methode bewirkt eine bewusste Verbindung zum Göttlichen. Denke, dass du als Kind Gottes Zugang zu allem hast, was auch deinem Vater im Himmel gehört. Zweifle nicht, wenn du etwas möchtest, schiebe deine Misserfolgsgedanken weg und erkenne, dass du alles bereits besitzt. Unterbewusste Gewohnheiten wie Unwissenheit und Unglauben über die Macht dieses Gesetzes haben uns von unserem wahren Erbe abgeschnitten. Diejenigen, die danach streben, die Ressourcen des Göttlichen einzusetzen, müssen diese falsche Einstellung in sich ausmerzen und dabei beständig sein, sodass ihr Glaube wächst, gedüngt mit unendlichem Vertrauen.

Wenn die unbewussten, die bewussten und die überbewussten Erfolgsmethoden miteinander kombiniert werden, dann wird sich dein Erfolg ganz sicher einstellen. Versuche es noch einmal, ganz gleich, wie oft du es schon, ohne Erfolg zu haben, versucht hast.

## *Affirmation für materiellen Erfolg*

„Du bist mein Vater,
mein Erfolg und meine Freude.
Ich bin Dein Kind,
Dein Erfolg und Deine Freude.
Aller Wohlstand dieser Erde,
aller Reichtum des Universums,
gehören Dir, gehören Dir.
Ich bin Dein Kind.
Aller Wohlstand dieser Erde und des Universums
gehören mir, gehören mir,
gehören, Gott, zu mir, gehören mir.
Ich habe in Armutsgedanken gelebt,
habe fälschlicherweise gedacht, ich sei arm,
und deshalb war ich arm.
Nun bin ich zu Hause bei Dir und Dein Bewusstsein
hat mich reich gemacht, wohlhabend und reich."

„Ich bin Erfolg, ich bin reich.
Du bist mein Schatz, ich bin reich, ich bin reich.
Du bist mein Alles, du bist mein Alles.
Du bist mein,
ich habe alles, ich habe alles.
Ich bin wohlhabend, ich bin reich,
ich habe alles, ich habe alles.
Ich besitze alles und jedes,
genauso wie Du, genauso wie Du.
Ich besitze alles, ich besitze alles.
Du bist mein Wohlstand,
ich habe alles."

Spiritueller Erfolg besteht darin, bewusst mit dem kosmischen Bewusstsein in Kontakt zu sein, sowie darin, deinen Frieden und deine Zufriedenheit zu bewahren, ganz gleich, was für unabänderliche Lebensereignisse wie der Tod von Freunden dich ergreifen. Wenn du einen geliebten Menschen durch das Naturgesetz verlierst, solltest du dich nicht von deinem Kummer überwältigen lassen, sondern du solltest Gott danken, dass Er dir das große Vorrecht gewährt hat, eins Seiner Kinder zum Freund gehabt zu haben. Spiritueller Erfolg entsteht, wenn man fröhlich und mutig die Dinge des Lebens betrachtet, in der Erkenntnis, dass alles sich auf das höchste Ziel zu bewegt.

## *Affirmation für Erfolg bei psychischen Problemen*

„Ich bin tapfer, ich bin stark.
Der Duft erfolgreicher Gedanken
strömt in mir, strömt in mir.
Ich bin gelassen, ich bin ruhig.
Ich bin nett, ich bin freundlich.
Ich bin Liebe, ich bin Sympathie.
Ich bin charmant, ich bin anziehend,
ich freue mich über alles.
Ich wische meine Tränen und Ängste ab,
ich habe keinen Feind,
obwohl einige denken, dass sie es sind,
bin ich aller Menschen Freund.
Ich habe keine Gewohnheiten
beim Essen, Kleiden oder Verhalten.
Ich bin frei, ich bin frei.
Ich befehle dir, meine Aufmerksamkeit,
zu mir zu kommen und dich zu konzentrieren
auf die Dinge, die ich tue, auf die Arbeit, die ich tue.
Ich kann alles tun,
wenn ich es denke, wenn ich es denke.
In der Kirche, im Tempel, beim Wunsch zu beten,
stellten sich meine unsteten Gedanken mir entgegen
und hielten meinen Geist ab, Dich zu erreichen,
und hielten meinen Geist ab, Dich zu erreichen.
Zeige mir, wie ich erneut meinen
materiegebundenen Geist und mein Denken

in Besitz nehmen, in Besitz nehmen kann,
sodass ich sie Dir übergebe
in meinem Gebet, in meiner Ekstase,
in meiner Meditation, in meinem Träumen.
Ich werde Dich immer anbeten,
beim Meditieren,
auf der Höhe eines Berges oder in der Abgeschiedenheit.
Ich werde Deine Energie spüren,
wie sie durch meine Hände fließt bei allem, was ich tue.
Niemals verliere ich Dich,
ich finde Dich bei allem, was ich tue."

## *Weitere Affirmationen (vgl. auch Kap. 1, 2 und 3)*

Konzentriere dich mit geschlossenen Augen am Punkt zwischen den Augenbrauen und wiederhole den folgenden Text dreimal:

„Ich will mit meinem eigenen Willen,
der aus dem göttlichen Willen fließt,
gesund sein, wohl,
erfolgreich und spirituell,
ich will wohl sein, wohl."

Schließe deine Augen und konzentriere dich auf das Schlagen deines Herzens. Wiederhole die folgende Affirmation mit Andacht und Gefühl:

Du bist Liebe, Du bist Liebe,
ich bin Dein, Du bist mein,
ich bin Dein, Du bist mein,
ich bin Liebe, ich bin Liebe.
Liebe ist Gesundheit, Liebe ist Vollkommenheit.
Ich bin gesund, ich bin Liebe,
ich bin heil, ich bin vollkommen.

Konzentriere dich nun auf den Nabelpunkt und stelle dir dort ein strahlendes Licht vor. Schließe deine Augen. Spüre den Nabelpunkt und wiederhole mit Vorstellungskraft und Hingabe:

Du bist Leben, Du bist Stärke,
Du bist Geist, Du bist Fantasie,
Du bist Denken, Du bist die Kraft der Imagination,
ich bin Denken, ich bin die Kraft der Imagination.
Auf jede Weise, auf jede Weise
bin ich wie Du, bin ich wie Du,
ich bin heil, ich bin wie Du.

Konzentriere dich nun auf die Medulla (die Wirbelsäule am Schädelansatz), schließe deine Augen und spüre oder visualisiere das Licht dort. Wiederhole mehrmals:

Dein kosmischer Strom fließt in mir, fließt in mir.
Durch meine Medulla fließt er in mir, fließt er in mir.
Ich denke und will, dass der Strom fließt,
in meinem ganzen Körper soll er fließen,
in meinem ganzen Körper soll er fließen.

Ich bin aufgeladen, ich bin geheilt.
Ich bin aufgeladen, ich bin geheilt,
blitzender Strahl strömt durch mich,
ich bin geheilt, ich bin geheilt.

## *Überbewusste Heilmethoden*

Erhebe dich über den Atem hinaus, stimme dich auf die kosmische Schwingung ein und konzentriere dich dann mit stets zunehmender Intensität deines Willens und der höchsten Hingabe, derer du fähig bist, auf den Punkt zwischen deinen Augenbrauen. Lasse die folgenden Gebete oder Überzeugungen hin zur kosmischen Schwingung fließen. Wende dich geistig an die kosmische Schwingung, so, wie du dich an deinen Vater wenden würdest.

„Oh, heilige Schwingung,
Du bist ich, Du bist ich,
meine Seele gehört Dir, Dein Geist ist meiner.
Du bist vollkommen, Du hast alles,
ich bin Dein Kind, ich habe alles,
ich habe alles, ich habe jedes.
Meinen Strauß süßester Hingabe,
meine ganze Liebe und meine höchste Anbetung
lege ich Dir zu Füßen, lege ich Dir zu Füßen.
Was mein ist, ist auch Dein,
was Dein ist, ist auch mein.
Ich bete zu Dir, bete mit meiner ganzen Liebe,
mögest Du mein sein, mögest Du mein sein.

Du bist ich, Du bist ich.
Du bist Seligkeit, ich bin Seligkeit.
Du bist Frieden, ich bin Frieden.
Du bist ganz, ich bin ganz.
Du bist vollkommen, Vollkommenheit ist mein.
Du bist Seligkeit, ich bin Seligkeit,
ich bin Seligkeit, ich bin Seligkeit."

Setze dein ganzes Vertrauen in Gott und glaube immer daran, dass Seine Macht in dir wirkt, unmittelbar hinter deinem Denken, deinen Gebeten und deinen Überzeugungen, um dir eine unendliche Stärke zu geben, damit du dich selbst und andere heilen kannst.

Nimm wahr, dass Er dich bei allem begleitet und du wirst Ihn immer an deiner Seite haben.

Wenn du affirmierst „Ich bin gesund" oder „Ich bin weise", dann muss deine positive Affirmation so stark sein, dass sie vollkommen jeden unterbewussten, entmutigenden, negativen Gedanken verdrängt, der dir vielleicht ins Ohr flüstert: „Du Dummkopf, du wirst es nie schaffen. Du bist ein Versager, Weisheit ist für dich unmöglich zu erreichen!" Du musst wissen, dass du alles materialisieren kannst, was du willst, und zwar in relativ kurzer Zeit.

Achte nicht auf das Element Zeit, während du affirmierst. Wenn man Affirmationen praktiziert, dann muss man unfehlbar geduldig sein. Glaube daran, dass Gesundheit dein Geburtsrecht ist, wenn du eine gute Gesundheit affirmierst. Glaube daran, dass Wohlstand dein Geburtsrecht ist, wenn du Wohlstand willst. Glaube daran, dass Weisheit dein Geburtsrecht ist, wenn du weise sein willst – und dann werden Gesundheit, Wohlstand und Weisheit sich in dir manifestieren.

Verändere deine Denkmuster. Verwirf alle negativen Geistesmuster und ersetze sie durch ganzheitliche, mutige Denkmuster. Wende sie mit unverbrüchlichem Vertrauen in deinem täglichen Leben an.

Erinnere dich, dass ein intelligenter, zielgerichteter Mensch leicht ein schlechtes Denkmuster durch ein gutes ersetzen kann, wenn er nur will. Deshalb befreie dich von einem körperlichen, geistigen oder spirituellen Muster, das deinen Fortschritt behindert, und tue dies jetzt. Verschiebe es nicht!

# KAPITEL 7

# MEDITATION FÜR DEIN HÖCHSTES BEWUSSTSEIN

„Lehre mich, mich nicht mit dem Opium der Rastlosigkeit zu betäuben. Jeden Tag will ich tiefer meditieren als am Tag zuvor. Jeden Morgen will ich tiefer meditieren als heute morgen.

Heute will ich mit der sanften Berührung meiner Intuition mein Seelenradio anstellen und meinen Geist von aller statischen Rastlosigkeit befreien, sodass ich Deine Stimme kosmischer Schwingung, Deine Melodie der Atome und Deine Melodie der Liebe in meinem Überbewusstsein spüren kann.

Ich werde endlose himmlische Glückseligkeit in mir finden. Frieden wird in meiner Stille regieren und auch, wenn ich etwas tue. Lass mich Deine Stimme hören, oh Gott, in der Höhle meiner Meditation."

„Lehre mich, oh Geist, durch Meditation den Sturm meines Atems, meine innere Rastlosigkeit und die Sinnesstörungen anzuhalten, die auf dem See meines Geistes toben. Lasse mich mit dem Zauberstab meiner Intuition das Unwetter meiner Leidenschaften und die unnötigen Sehnsüchte zum Abklingen bringen. Lasse mich auf der bewegungslosen Oberfläche des Sees meines Geistes die unverzerrte Widerspiegelung des Mondes meiner Seele sehen, glitzernd durch das Licht Deiner Gegenwart."

Verschließe die Türen deiner Augenlider und schließe den wilden Tanz verführerischer Szenen vor deinem inneren Auge aus. Lasse deinen Geist in den bodenlosen Brunnen deines Herzens sinken. Halte deinen Geist in deinem Herzen fest, überströme ihn mit deinem lebensspendenden Blut. Halte deine Aufmerksamkeit fest in deinem Herzen, bis du sein rhythmisches Pulsieren spüren kannst. Spüre bei jedem Herzschlag, wie das allmächtige Leben bei dir anklopft. Stelle dir dieses alles durchdringende Leben vor, wie es an die Herzenstür aller Menschenwesen und aller Lebewesen klopft.

Das Herz klopft ohne Unterlass, demütig und bescheiden, um die unendliche Macht anzukündigen, die hinter den Türen deiner Achtsamkeit auf dich wartet. Der sanfte Schlag des alles durchdringenden Lebens sagt still zu dir: „Empfange nicht nur den kleinen Strom Meines Lebens, sondern erweitere die Öffnung deiner Gefühle, lass Mich dein Blut durchfluten, deinen Körper, deinen Geist, deine Gefühle und deine Seele, mit Meinem Strom des universellen Lebens."

## *Freiheit vom Atem bedeutet Freiheit vom Tod*

Atem ist Leben. Wenn du ohne Atem leben kannst, dann wirst du dein Leben verlängern und dich über das reine Körperbewusstsein zum Seelenbewusstsein erheben, auch wenn du noch immer in deinem physischen Körper wohnst. Wahrhaft atemlos zu sein bedeutet nicht, deinen Atem zu unterdrücken oder ihn mit Macht in deinen Lungen festzuhalten. Nein, Atemlosigkeit erhebt dich in einen Zustand innerer Ruhe und Entspannung, in der es ganz einfach für eine Zeit nicht nötig ist zu atmen.

Du kannst diese Technik jederzeit anwenden. Wo immer du bist, sitze mit aufrechter Wirbelsäule und entspanne dich zutiefst. Schließe deine Augen (oder fixiere den Punkt zwischen deinen Augenbrauen mit halbgeschlossenen Augen). Nun beobachte mit tiefer Ruhe geistig deinen Atem, *ohne ihn zu kontrollieren, wie er deinen Körper betritt und ihn auch wieder verlässt.* Wenn dein Atem in den Körper eintritt, bewege den Zeigefinger deiner rechten Hand nach innen, in Richtung Daumen, und chante innerlich (ohne deine Zunge oder deine Lippen zu bewegen) das Mantra „*Hong*". Wenn dein Atem dich wieder verlässt, strecke den Zeigefinger und chante innerlich „*So*". (Der Sinn der Bewegung des Zeigefingers besteht darin, dass du eine positivere Haltung bei deiner Konzentration erreichst und Einatmung und Ausatmung besser auseinanderhalten kannst.)

*Versuche, deinen Atem in keiner Weise zu kontrollieren.* Nimm einfach die ruhige Haltung eines *stillen Beobachters* ein, beobachte den Fluss deines Atems, wie er den Körper betritt und wieder verlässt – ein Fließen, dessen du dir im allgemeinen nicht bewusst bist.

Praktiziere diese Technik mit großer Ehrfurcht und Aufmerksamkeit wenigstens zehn Minuten lang (am Anfang). Je länger du übst, desto besser. Du kannst zu jeder Tageszeit praktizieren, tagsüber oder in der Nacht, während deiner gewohnten Meditationszeit oder während deiner Freizeit – wenn du beispielsweise im Auto fährst (und nicht selbst am Steuer sitzt) oder während du auf dem Rücken im Bett liegst. Diese Technik wird dir ein Gefühl innerer Ruhe vermitteln und dir wenigstens die Erkenntnis schenken, dass du nicht dein Körper bist, sondern die Seele – höher als dieser und unabhängig von deinem materiellen Körper.

Wenn du während deiner Meditationszeit übst, dann setze dich mit aufrechtem Rücken hin, auf einen Stuhl ohne Armlehnen. Lege eine Wolldecke über den Stuhl, sodass sie die Rückenlehne bedeckt und auch auf dem Boden Platz findet, sodass du deine Füße daraufstellen kannst. Setze dich so hin, dass du nach Osten schaust. Sitze aufrecht und lehne dich mit deinem Rücken nicht an.

Die *Hong-So-Technik* kann auch während deiner Freizeit praktiziert werden, wie ich schon sagte – wenn du beispielsweise im Wartezimmer eines Arztes sitzt. Beobachte dann einfach deinen Atem und während du dies tust, chante innerlich „*Hong*" und „*So*", ohne deinen Finger zu bewegen, deine Augen zu schließen oder nach oben zwischen deine Augenbrauen zu schauen. Tue nichts, was irgendwie die Aufmerksamkeit von anderen um dich herum in deine Richtung lenken würde. Halte deine Augen offen, wenn du magst, ohne zu blinzeln, schaue vielleicht geradeaus nach vorn oder auf irgendeinen besonderen Punkt. Halte deine Wirbelsäule aufrecht, wenn möglich, wenn das für dich mühelos möglich ist.

Der Sinn der *Hong-So-Technik* besteht darin, dich dabei zu unterstützen, deine Aufmerksamkeit von außen abzuziehen und sie von deinen Sinnen nach innen zu bewegen, denn der Atem ist die Schnur, die die Seele an den Körper gebunden hält. Der Mensch lebt in einer Luftatmosphäre, die er braucht wie ein Fisch das Wasser. Wenn du dich über den Atem in den Bereich der Atemlosigkeit erhebst, dann kannst du die himmlischen Lichtbereiche betreten, wo die Engel wohnen. Indem du leidenschaftslos deinen Atem beobachtest, wie er in deinen Körper eintritt und ihn wieder verlässt, verlangsamt sich auf ganz natürliche Weise dein Atem und beruhigt schließlich die friedenstörende Aktivität deines Herzens, der Lungen und des Zwerchfells.

Denke einen Augenblick einmal über diese außergewöhnliche Tatsache nach: Das Herz pumpt täglich etwa zwölf Tonnen Blut durch deinen Körper! Es findet nicht einmal nachts Ruhe, wenn die meisten anderen Körperorgane die Möglichkeit haben, ihre Aktivität wenigstens zum Teil zu unterbrechen. Das am meisten arbeitende (und deshalb oft überlastete) Organ deines Körpers ist das Herz.

Die *Hong-So-Technik* ist eine wissenschaftliche Methode, mit der du deinem Herzen Ruhe schenken kannst und so deine Langlebigkeit vergrößerst. Du setzt damit auch eine enorme Menge Lebensstrom frei, eine Energie, die du über den ganzen Körper verteilen kannst und so die Körperzellen erneuerst, was ihren Verfall verzögert.

Diese wunderbare und doch so einfache Technik ist einer der großen Beiträge, die Indien für die Welt geleistet hat. Sie verlängert die Lebensspanne eines Menschen und ist eine praktische Methode, sich über das Körperbewusstsein zu erheben und sich als der unsterbliche Geist zu erfahren. Die Worte „*Hong*" und „*So*" kommen aus dem Sanskrit und schenken dem Übenden mantrische Kraft. Die Urworte dieses Mantras lauten „*Aham saha*" und bedeuten „Ich bin Du".

## *Die Bedeutung der Entspannung*

Wenn wir schlafen, erleben wir eine Entspannung der Sinne. Der Tod ist die vollständige, wenn auch unwillentliche Entspannung des Geistes vom Körper. Er tritt ein, wenn die Tätigkeit des Herzens aufhört. Durch die *Hong-So-Technik* kann man denselben Punkt erreichen, da man das Herz beruhigt und sich so über den Zwang, sich nach außen zu richten, erheben kann. Auf diese Weise erlebt man *bewusst* seinen Tod und hört auf, ihn als Rätsel zu sehen und sich vor ihm zu fürchten. Stattdessen kann man lernen, seinen Körper bewusst und voll Seligkeit zu verlassen, statt mit Macht und oft genug völlig überraschend im Tod aus ihm herausgeworfen zu werden.

Unaufmerksamkeit bei der Praxis dieser Technik kann dazu führen, dass man schläfrig wird oder sogar einschläft. Konzentration und Aufmerksamkeit andererseits bringen jeder Körperzelle ein klingendes Gefühl göttlicher Lebendigkeit.

Wenn du Zeit hat, dann übe diese Technik länger – ja, solange du kannst. Ich selbst habe sie als Junge sieben Stunden am Stück geübt und bin dadurch in einen tiefen Zustand atemloser Trance gekommen. Bewahre die große Ruhe, die du während und nach dieser Praxis fühlst. Halte dich an diesem Frieden fest, solange es geht. Wende ihn in praktischen Lebenssituationen an, wenn du mit Menschen zu tun hast, wenn du lernst, wenn du Geschäfte machst oder wenn du nachdenkst. Nutze diese Technik, um dich dabei zu unterstützen, deine Selbstkontrolle zu bewahren, wenn du versuchst, dich selbst von deinen tiefverwurzelten, negativen geistigen und emotionalen Gewohnheiten zu befreien. Wann immer eine Situation es verlangt, erinnere dich an die Ruhe, die du während und nach dieser Praxis gefühlt hast, und hole dir diesen Zustand zurück. Du wirst dann der Situation aus einem ruhigen inneren Zentrum begegnen können, wo deine natürliche Seelen-Intuition sicherstellen wird, dass du die bestmögliche Lösung findest.

Erinnere dich: Tiefe Konzentration ist notwendig, damit diese Technik ihre ganze Wirkung entfalten kann. Das bedeutet nicht, dass du dich irgendwie unter Druck setzen solltest. Praktiziere die Technik ruhig, entspannt – sogar ehrfürchtig – und spüre in dieser Ruhe, dass du dich dem Hören der *kosmischen Schwingung OM* näherst oder sogar in sie eintauchst. Die *Hong-So-Technik* wird dir helfen, dich in Kontakt mit dem Großen Geist zu setzen, der in dir als deine Seele präsent ist und dessen Ausdruck Schwingung ist, die Ursache dieses inneren Klangs. Positive Ergebnisse werden sich ganz sicher einstellen und eine tiefe Ruhe wird sich in dir ausbreiten. Höhere Intuition wird zu dir kommen, wenn du die Praxis längere Zeit durchgeführt hast, und du wirst spüren, dass du in Kontakt mit dem unerforschten Speicher deiner göttlichen Macht kommst.

Sei jedoch nicht ungeduldig. Übe immer weiter. Verkörpere diese Praxis, mache sie zum Teil eines täglichen Ablaufs, wie das Essen oder Zähneputzen oder Duschen oder Schlafen. Unglaublich positive Wirkungen werden deine gesamte geistige und körperliche Konstitution durchdringen.

Wie bei anderen Dingen auch kann das beste Ergebnis nicht in einem oder mehreren Tagen erreicht werden. Übe also weiter! Praktiziere die Technik und wende sie bei deinen täglichen Bedürfnissen an. Nimm die Ruhe wahr, die sie in dir hervorbringt. Erinnere dich auch daran, dass ich aus Erfahrung spreche, und zwar nicht nur meiner eigenen, sondern auch aus der jahrhundertealten Erfahrung der großen Yogis meines Landes. Auch du kannst dieselbe ruhmreiche Erfahrung erlangen, die sie gemacht haben, wenn du bei deiner Praxis beständig bist.

## *Der letzte wichtige Punkt: Worauf richte ich meine Konzentration?*

Worauf solltest du deine Aufmerksamkeit richten, während du diese Technik praktizierst? Auf den Atem, ja, aber worauf in deinem Körper?

Deine Aufmerksamkeit könnte anfangs darauf gerichtet sein, wie deine Lungen und dein Zwerchfell sich beim Atmen bewegen. Konzentriere dich dann anfangs nur auf die körperliche Bewegung dieser Organe. Nach und nach, wenn dein Geist sich beruhigt, verlagere deine Aufmerksamkeit vom Körper auf den Atem selbst. Sei dir deines Atems bewusst – wie er deinen Körper betritt, in den Nasenlöchern. Und wenn du noch ruhiger wirst, versuche dir bewusstzumachen, wo in den Nasenlöchern der Fluss des Atems am stärksten zu spüren ist. Anfangs wird dies an den äußeren Nasenlöchern zu spüren sein, aber wenn deine Konzentration sich vertieft, versuche, den Atem höher in der Nase zu spüren, und nimm wahr, wo der Fluss am stärksten ist. Ist es im oberen Teil der Nase? In den Seiten? Am unteren Rand? Das kann dir dabei helfen, auch deinen Geisteszustand klarer wahrzunehmen. Im oberen Teil der Nase kann der Fluss auf ein höheres Bewusstsein hinweisen. Im unteren Teil könnte es einen gewissen nach unten gerichteten Energiefluss in der Wirbelsäule geben. An den äußeren Rändern der Nasenlöcher könnte der Fluss zeigen, dass du eine Tendenz hast, überemotional auf etwas zu reagieren. Und im Zentrum der Nasenlöcher könnte es eine Tendenz zum Rückzug geben. Während du beim Üben immer ruhiger wirst, spüre den Atem, wo er den Kopf erreicht, durch den Punkt zwischen deinen Augenbrauen – den Sitz der Konzentration in deinem Körper.

Der Ursprung des Atems liegt im Astralkörper. Die astrale Einatmung korrespondiert mit einer aufwärts gerichteten Bewegung durch einen Energiekanal, den man im Yoga „*ida*" nennt. Die astrale Ausatmung korrespondiert mit einer nach unten gerichteten Bewegung durch einen Nervenkanal, den man im Yoga „*pingala*" nennt. Diese Kanäle können von denjenigen, die Fisch essen, als zwei kleine Nerven beobachtet werden, die über die gesamte Länge der Wirbelsäule nach unten laufen.

Ein nach oben gerichteter Energiefluss durch „*ida*" begleitet die Einatmung. Ein nach unten gerichteter Energiefluss durch „*pingala*" begleitet die Ausatmung. Die Astralatmung wird also durch die aufwärts und abwärts gerichtete Energiebewegung hergestellt. Sie gehört zum reaktiven Prozess. Wenn die aufwärts gerichtete Energiebewegung stärker ist, dann zeigt dies eine positive Reaktion an, und dasselbe gilt für eine freie körperliche Einatmung. Wenn die Bewegung nach unten stärker ist (oder wenn die körperliche Ausatmung stärker ist als die Einatmung) und wenn sie als ein Seufzen nach außen kommt, dann kann dies ein Zeichen für Depression sein. Wenn die Einatmung stärker ist als die Ausatmung, ist dies ein Zeichen einer positiven Reaktion – möglicherweise sogar für Aufregung. Wenn die Ausatmung länger ist als die Einatmung, dann gibt es einen korrespondierenden Rückzug in sich selbst. Wenn man schläft, dann ist die Dauer der Ausatmung doppelt so lange wie die Einatmung. Wenn Einatmung und

Ausatmung gleich lange dauern, dann sind wir in innerem Gleichmut.

Verschwende die Wahrnehmung der Präsenz Gottes, die du während der Meditation erworben hast, nicht mit nutzlosem Gerede. Eitles Geplapper ist wie eine plötzliche Bewegung: Sie wühlt den Milcheimer des Friedens auf. Wenn man seine Zeit damit verbringt, unnütz herumzureden und überschwänglich zu lachen, dann wird man merken, dass im Inneren nichts anderes mehr übrig ist. Fülle den Eimer deines Bewusstseins mit der Milch meditativen Friedens und dann sorge dafür, dass er gefüllt bleibt. Witze machen ist falsches Glück. Zu viel Lachen wühlt den Geist auf und lässt den Frieden im Eimer herausfließen, sodass er verschwendet wird.

Intuition ist diejenige Eigenschaft der Seele, die unmittelbar und direkt die Wahrheit einer jeden Sache und eines jeden Wesens wahrnimmt. Ohne die Macht der Intuition kannst du Wahrheit nicht erkennen. Intuition bedeutet „Seelenwahrnehmung“ und ist die erkennende Seelenkraft, ohne Einsatz der Sinne oder des Geistes. Intuition kann dir Wissen über Dinge vermitteln, die deine Sinne und dein Denken dir nie vermitteln können.

Viele Bücher und Studienkurse sind für Schüler in der Schule vorgeschrieben. Aber für die Entwicklung der Konzentration und des Sechsten Sinnes, der allwissenden Eigenschaft der Intuition, gibt es keine Ausbildung. Viele Menschen machen Fehler bei allem, von der Gesundheit über ihre Geschäfte bis zur Philosophie und Religion. Tausende von Menschen investieren in die falschen Dinge und wählen falsche Wege, weil ihr Denken nicht durch Intuition wissenschaftlich ausgebildet ist.

Durch die Entwicklung der Intuition kann man über das Gesetz von Ursache und Wirkung hinauswachsen, das im eigenen Leben wirkt. Intuition findet den richtigen Sendekanal im Leben, sodass sie alle Wellen zukünftiger Geschehnisse abhören kann, die ansonsten von verschiedenen Wellenmustern umgelenkt würden.

Reine Vernunft und ruhiges Fühlen führen zur Intuition. Deshalb besteht die erste Voraussetzung zur Entwicklung der Intuition darin, alles ruhig zu denken und zu fühlen. Intuition wird auch entwickelt, wenn man seinen gesunden Menschenverstand übt, wenn man täglich Innenschau und Untersuchung des Inneren praktiziert, wenn man sein Denken vertieft und seine Handlungen beständig in eine Richtung lenkt, durch Ruhe und – das Beste von allen – indem man die ruhigen Nachwirkungen der Meditation beibehält.

Wenn du in deiner Meditation und Konzentration einen vollkommenen Zustand der Ruhe herbeiführen kannst, dann wirst du in der Lage sein, alle schweren Probleme zu lösen. Wenn du die Ruhe beibehältst, die sich nach deiner Meditation einstellt, dann wirst du immer in die richtige Richtung geführt werden. Intuition lenkt deine Vernunft.

Wenn du deine Intuition entwickelt hast, dann wirst du fest in deinem Wissen verankert sein, auch wenn das ganze Universum sich erhebt, um dich zu bekämpfen. Wann immer du intuitiv ein Problem lösen willst, gehe zunächst in tiefe Meditation oder Stille. Denke während der Meditation nicht über dein Problem nach, sondern meditiere, bis du ein Gefühl der Ruhe spürst, das deinen inneren Rückzugsort in deinem Körper füllt und deinen Atem ganz ruhig und still werden lässt. Dann bitte Gott, deine Intuition auszurichten, sodass du erkennen kannst, was du tun sollst.

Suche nach dieser Wahrheit erst bei einfachen Problemen. Wenn dann deine Intuition anfängt, unfehlbar zu wirken, nutze sie, um Lösungen auch für große Probleme zu finden. Beispielsweise sind vielleicht zwei Vorschläge bei einem Geschäftsvorhaben da und beide Vorschläge scheinen attraktiv zu sein, aber beide können nicht gleichermaßen gut für dich sein. Du musst dich also zwischen ihnen entscheiden und du kannst mit deinem intuitiven Gefühl die richtige Entscheidung treffen. Supermänner nutzen ihre Intuition kontinuierlich bei allem, was sie tun, und schaffen es so, Dinge zu vollbringen, die scheinbar unmöglich sind.

Du, der das liest, und ich, der das schreibt, und alle die Milliarden von Menschen auf der Welt, die sich mit ihren Problemen herumschlagen, werden in hundert Jahren nur noch als Gedanken vorhanden sein. Ob sie nun groß oder klein sind, sie alle werden unter dem Gras begraben oder in die hungrigen Flammen der Verbrennungsanlagen geworfen. Wir, die wir uns so sicher fühlen bei unseren Frühstücken, Mittagessen und Abendmahlzeiten, werden dann nicht mehr in der Lage sein, zu schlucken oder zu sprechen. Unsere Lippen werden für immer versiegelt sein.

Wenn die billige Kleidung einer jeden Seele ebenso wie ihr Fleisch abgeworfen werden muss, damit die Seele das strahlende Gewand ihrer Unsterblichkeit annehmen kann, warum solltest du weinen? Wenn Heilige, die von Unsterblichkeit sprechen, ebenso sterben müssen wie kleine Menschen, die beim Anblick des Todes zittern, warum sollte man dann den Tod fürchten? Es ist die universelle Erfahrung, durch die wir alle gehen müssen.

Warum also den ganzen Schatz unserer Weisheit damit verbrauchen, dass wir versuchen, es für diesen ungewissen, zum Verschwinden verurteilten Körper möglichst gemütlich zu machen? Wache auf! Versuche, die Ernte der Unsterblichkeit einzufahren, die so wenig verschwindet und ewig bleibt und die den vergänglichen Boden deines Körpers mit allzeit neuer Seligkeit erfüllt. Du wirst niemals bleibenden Trost in deinem langsam vergehenden Körper finden. Du kannst niemals den Honig göttlicher Glückseligkeit aus dem Felsen der Sinnesfreuden pressen.

Bleibender Trost fließt unaufhörlich in das Gefäß deines Lebens, wenn du die Honigwabe der Meditation und des Friedens mit den eifrigen, kraftvollen Händen des Willens und mit immer tieferer Konzentration ausschleuderst.

Ich meine damit nicht, dass du zum Zyniker werden und die Dinge des Lebens nicht mehr genießen solltest. Alles, was ich sage, ist, dass du dich an nichts so hängen solltest, dass du eine mentale Todesangst bekommst, wenn dich äußere Umstände davon trennen. Wenn du nicht um die irdischen Dinge trauerst, wenn einmal dein irdisches Kleid abgeworfen werden muss, dann wirst du nach dem Tod ein besseres Leben haben. Du wirst aus den Händen Gottes, deines Vaters, all die Dinge zurückerhalten, die du immer ersehnt und verloren hast. Er nimmt dir die Dinge, damit du dich nicht mit materiellen Dingen identifizierst und deinen wahren unsterblichen Zustand dabei vergisst.

Erwirb dir darum die Fähigkeiten der Meditation und die Schätze der intuitiven Wahrnehmung, des ewig-neuen Friedens und der Freude, die von allergrößtem Nutzen für dich bei deiner letzten Reise sein werden. Vergiss die Illusionen von heute. Bereite dich auf den Tod vor, indem du deine Freundschaft mit Gott jeden Tag erneuerst. Am Ende des Weges, durch die Portale dieses letzten Tages, wirst du die Erlaubnis erhalten, das Königreich deines Vaters zu betreten, und wirst für immer dort bleiben.

# KAPITEL 8

# DEINE ALLMÄCHTIGE, GÖTTLICHE NATUR

## *Der Löwe, der zum Schaf wurde*

Eine Löwin, riesig groß, weil sie einen ungeborenen Löwen in ihrem Körper trug, wurde immer schwächer, weil sie nicht mehr jagen konnte. Als das Baby in ihr immer schwerer wurde, war sie nicht mehr in der Lage, sich so schnell zu bewegen, dass sie einer Beute folgen konnte.

Brüllend vor Traurigkeit und Hunger und schwerfällig durch das Baby, das sie trug, schlief die Löwin am Rande eines Waldes in der Nähe einer Lichtung ein. Sie träumte, dass sie eine Schafherde sah, die dort graste. Als sie in ihrem Traum auf eins dieser Schafe trat, schreckte sie mit einem Mal auf und wurde hellwach. Überrascht und mit großer Freude entdeckte sie, dass ihr Traum sich erfüllt hatte und dass eine große Schafherde auf der Lichtung unmittelbar vor ihr graste.

Sie vergaß, wie schwer das Kind in ihr wog und zwang sich, fast wahnsinnig vor Hunger, eins der jungen Lämmer zu jagen. Sie schaffte es und brachte es in die Tiefen des Waldes, um es zu fressen. Die Löwin merkte nicht, dass sie in dem Moment, als sie das Lamm besprang, um es zu reißen, ihr Baby geboren hatte.

Die Schafherde war durch den Angriff der Löwin so gelähmt von Furcht, dass sie nicht wegrannte. Als die Löwin verschwunden war und die Panik sich legte, wachte die Schafherde aus ihrer Lähmung auf. Sie mähten und klagten über ihren verlorenen Kameraden, als sie, zu ihrem großen Erstaunen, ein hilfloses Löwenbaby in ihrer Mitte fanden. Ein Mutterschaf nahm sich aus Mitleid des kleinen Löwen an und adoptierte ihn.

Der junge Löwe wuchs unter den Schafen der Herde auf. Einige Jahre vergingen und mitten in einer Herde Schafe konnte man einen riesigen Löwen sehen, mit enormer Mähne und langem Schwanz, der sich genauso benahm wie ein Schaf. Der Schafslöwe mähte, statt zu brüllen, und aß Gras statt Fleisch. Dieser vegetarische Löwe benahm sich genau wie ein schwaches, kleines Lamm.

Eines Tages kam ein anderer Löwe durch den nahegelegenen Wald auf die Lichtung und zu seinem großen Entzücken entdeckte er die Schafherde. Erregt vor Freude und getrieben von seinem Hunger verfolgte der große Löwe die fliehenden Schafe, als er sich zu seinem großen Erstaunen einem riesigen Löwen gegenübersah, der den Schwanz hoch in die Luft gehoben hatte und an der Spitze der fliehenden Schafherde rannte.

Der ältere Löwe blieb einen Augenblick lang stehen und kratzte sich am Kopf. Er wunderte sich: „Ich kann ja verstehen, dass die Schafe vor mir weglaufen, aber ich kann mir nicht vorstellen, warum dieser stramme Kerl dort vor mir wegrennen sollte. Dieser Löwe interessiert mich."

Er ignorierte seinen Hunger und rannte, was das Zeug hielt, um den flüchtenden Löwen einzuholen. Der Schaflöwe verlor vor Angst das Bewusstsein. Der große Löwe war noch erstaunter und gab dem Schaflöwen einige Ohrfeigen, um ihn wieder wach zu machen. Mit tiefer Stimme rief er: „Was ist mit dir los? Warum fliehst du vor mir, Bruder?"

Der Schaflöwe schloss die Augen und mähte in der Schafssprache: „Lass mich bitte gehen! Töte mich nicht! Ich bin doch nur ein Schaf, das mit den anderen Schafen aufgewachsen ist."

„Oh, jetzt verstehe ich, warum du mähst.", sagte der große Löwe. Er dachte erneut nach und hatte plötzlich eine großartige Idee. Er nahm den Schaflöwen mit seinen riesigen Zähnen bei der Mähne und zerrte ihn zu einer Wasserlache am Ende der Lichtung. Als der große Löwe mit seiner Beute dort ankam, schubste er den Schaflöwen vorwärts, sodass sein Kopf vom Wasser widergespiegelt wurde. Er begann den Schaflöwen zu schütteln, denn dieser hielt immer noch seine Augen geschlossen, und rief: „Öffne deine Augen! Schau hin! Du bist überhaupt kein Schaf!"

„Mäh, mäh, mäh", antwortete der Schaflöwe. „Bitte töte mich nicht! Lass mich gehen! Ich bin doch kein Löwe, ich bin ein armes, kleines Schaf!"

Der große Löwe schüttelte den Schaflöwen, was das Zeug hielt. Der Schaflöwe öffnete vor Schreck seine Augen und sah erstaunt, dass sein Kopf kein Schafskopf war, wie er gedacht hatte, sondern ein Löwenkopf, genau wie der andere Löwe, der ihn gerade mit seiner Pranke so schüttelte. Dann sagte der große Löwe: „Schau mir ins Gesicht und sieh dann dein Gesicht an, das vom Wasser widergespiegelt wird. Und nun: Versuche einmal zu brüllen, statt zu mähen!"

Der Schaflöwe, der jetzt überzeugt war, versuchte zu brüllen, aber er konnte nur Laute hervorbringen, die halb Brüllen, halb Mähen waren. Als der ältere Löwe ihn aber weiter ohrfeigte, begann der Schaflöwe schließlich zu brüllen. Dann rannten beide Löwen über die Lichtung davon und kehrten zurück zur Löwenhöhle.

Diese Geschichte zeigt, wie die meisten von uns, obwohl wir alle nach dem allmächtigen Bild des göttlichen Löwen des Universums geschaffen wurden, inmitten einer Schafherde sterblicher Schwäche geboren werden und aufwachsen. Wir mähen voll Angst, Mangel und Tod, statt dass wir voll Unsterblichkeit und Macht brüllen und Weisheit und grenzenlosen Wohlstand zu unserer Beute machen.

Diese Lehren sind der neue Löwe, der dich in den Kristall-Teich der Meditation ziehen wird und dich dort so durchschüttelt, dass du endlich die geschlossenen Augen deiner Weisheit öffnest, damit du erkennst, dass du in Wirklichkeit der Löwe der Göttlichkeit bist, der nach dem Bilde des Kosmischen Löwen geschaffen wurde. Diejenigen von euch, die kontinuierlich danach streben, werden ihre Angst vor dem Tod, vor Schwäche und Misserfolgen vergessen und lernen, mit der Macht allmächtiger Unsterblichkeit zu brüllen.

„Da ich über die freie Entscheidung verfüge, nehme ich wahr, dass ich in Wahrheit das Kind Gottes bin. Ich habe nur geträumt, dass ich sterblich bin. Nun wache ich auf. Der Traum meiner in meinem körperlichen Kerker gefangenen Seele ist endlich verschwunden. Ich bin alles, das mein himmlischer Vater ist."

Der Mensch, der Gott findet, besitzt den Kosmos und alles, was darin ist. Jesus wusste, dass er eins mit dem Vater war. Das ist der Grund, aus dem er Dinge tun konnte, die andere Sterbliche nicht tun konnten. Verbringe darum deine Zeit in täglicher Meditation, immer länger und tiefer, denn das ist der schnellste Weg, um zu werden wie Christus. In deiner Meditation nach dem Kontakt mit Gott zu streben, ist reine Freude. Du wirst glücklich sein, wenn du meditierst, und du wirst noch glücklicher sein, wenn du am Ende des Weges der Meditation ankommst und Gott begegnest, dem König der ewig-neuen Glückseligkeit.

Als Jesus sagte: „Füchse haben Löcher und Vögel der Luft haben ihre Nester, aber der Sohn des Menschen hat nichts, wohin er sein Haupt betten kann", jammerte er nicht darüber, dass er so arm war. Nein, er meinte, dass er der Besitzer des ganzen Kosmos war, denn er ließ sich nicht in einen kleinen Ort einsperren, wie dies die irdischen Wesen tun. Jesus sagte nämlich auch: „Brot, das ist das, was die Menschen der Welt suchen (die materie-orientierten, kurzsichtigen Menschen), aber du sollst zuerst das Königreich Gottes suchen (den ganzen Kosmos) und alle Dinge (Wohlstand, Weisheit, Glück) werden dir geschenkt werden (ohne dass du darum bittest)."

Diese Erde ist ein Ort des Lachens, ein Haus der Freude für Unsterbliche. Da wir dies immer vergessen und uns mit dem irdischen Spiel identifizieren, leiden wir. Wir können uns aber erinnern, dass unser wahres Zuhause das Heim der unveränderbaren, ewig-neuen, seligen, allpräsenten Unsterblichkeit ist. Wir sind in Ewigkeit Gottes Kinder, ob wir nun ungehorsam sind oder gut, aber wenn wir vergessen, dass unser Zuhause das Königreich Gottes ist und wir uns vereinnahmen lassen von der irdischen Show, dann machen wir uns selbst geringer, als wir sind. Wir müssen darum lernen, dass wir unsterblich sind, nach dem seligen Bild Gottes geschaffen.

Es gibt etwas, dessen du nie müde wirst, weder in diesem Leben noch in der Ewigkeit, und das ist die ewig-neue Freude, die entsteht, wenn du mit Gott in Kontakt bist. Eine Freude, die immer dieselbe ist, kann dich irgendwann nur langweilen, aber diese Freude ist ewig-neu und wird für immer anhalten. Eine solche Freude kann nur in tiefer Meditation gefunden werden.

Das Verlangen nach Luxusgütern zu unterstützen, ist der sicherste Weg ins Leid. Mache dich darum nicht zum Sklaven von Dingen oder Besitztümern, merze darum sogar deine so genannten „Bedürfnisse" aus. Verbringe deine Zeit damit, dass du nach bleibendem Glück und nach wahrer Seligkeit strebst. Die unveränderliche, unsterbliche Seele verbirgt sich hinter der Leinwand deines Bewusstseins, auf der Krankheit, Versagen oder Tod gemalt sind. Hebe den Schleier deiner Illusion der Veränderung und beginne, in deinem unsterblichen Wesen zu Hause zu sein. Inthronisiere dein flatterhaftes Bewusstsein in deiner Ruhe und deiner Unveränderbarkeit in deinem Innern, wo der Thron Gottes steht, und dann lass deine Seele diese Seligkeit Tag und Nacht manifestieren.

Die Natur der Seele ist Seligkeit – ein bleibender innerer Zustand ewig neuer, ewig anderer Freude, die dich auf ewig unterhält, ohne je den Einen zu verändern, der damit unterhalten wird, selbst wenn du durch die Prüfungen körperlichen Leidens oder des Todes gehen musst.

Ohne Verlangen zu sein bedeutet nicht, alles zu negieren, ganz im Gegenteil, es bedeutet, die Selbstkontrolle erworben zu haben, die du brauchst, damit du dein ewiges Erbe der Erfüllung in deiner Seele entdecken kannst. Zunächst durch Meditation gib deiner Seele die Gelegenheit, diesen Zustand zu manifestieren, und dann, indem du ihn kontinuierlich lebst, tu deine Pflicht deinem Körper und Geist gegenüber und auch gegenüber der Welt. Du brauchst deinen Ehrgeiz nicht aufzugeben und negativ zu werden, ganz im Gegenteil, lass die ewig bleibende Freude, die deine wahre Natur ist, dir helfen, zu erkennen, welches wirklich dein edelster Ehrgeiz ist. Erfreue dich an edlen Erfahrungen mit der Freude Gottes. Übe deine Pflichten mit göttlicher Freude aus.

Ihr seid alle Götter, wenn ihr das nur wüsstet. Hinter den Wellen eures Bewusstseins liegt das Meer der Gegenwart Gottes. Ihr müsst also über die Wellen hinaussehen. Schaut nicht auf die kleine Welle des Körpers mit all seiner Schwäche, sondern schaut darüber hinaus. Schließt die Augen und seht die enorme Allgegenwart vor euch, überall, soweit eure Augen reichen. Ihr seid im Zentrum dieses riesigen Himmelsgewölbes und ihr werdet merken, dass es mit der größten Seligkeit gefüllt ist, die die Sterne anzündet und den Winden und Stürmen Macht verleiht. Gott ist die Quelle all eurer Freuden und aller Manifestationen, die es in der Natur gibt.

Gott kann man sich nicht verdienen. „Strebt zuerst nach dem Königreich Gottes und dann werden alle Dinge zu euch kommen. Zweifelt nie daran." Erwecke dich also selbst vom Zweifel der Unwissenheit. Erwache und du wirst der Glorie Gottes gewahr werden – des riesigen Anblicks des göttlichen Lichts, das über alle anderen Dinge scheint. Ich sage euch, dass ihr göttliche Realisten werden sollt und alle Antworten auf alle Fragen in Gott finden könnt.

Meditation ist der einzige Weg dazu. Glauben und Bücherlesen können dir nie die Gotteserkenntnis bringen. Es geht nur über Meditation, wenn man sie in der richtigen Weise ausübt, und damit wirst du die größte Erkenntnis und Freude erlangen. Wenn du dies praktizierst, dann wirst du erkennen, dass Gott nicht durch blindes Gebet und Komplimente gewonnen werden kann, aber dass Er bewegt werden kann, wenn man die Gesetze befolgt und hingebungsvoll ist, und durch die Liebe deines Herzens.

Gib dich also Gott ganz hin. Du musst dein göttliches Geburtsrecht auch wirklich annehmen. Dein kontinuierliches Gebet und deine kontinuierliche Sehnsucht nach dem Göttlichen werden Ihn dazu bringen, dass er Seinen tiefsten Eid der Stille bricht und dir antwortet. Im Tempel der Stille wird Er dir das Geschenk Seines Selbst schenken, das über die Pforten deines Todes hinaus erhalten bleiben wird.

Wenn du einen Film über ein Stück siehst, das du schon kennst, dann wird der Film für dich nicht so spannend sein. Es ist also gut, dass du dieses Leben nicht kennst, denn Gott spielt dir einen Film deines Lebens vor. Wenn du schon wüsstest, was geschehen wird, wäre es nicht mehr so interessant. Mache dir also keine Sorgen über das Ende, sondern bete ständig zu Gott: „Lehre mich, meine Rolle in diesem Lebensdrama zu spielen – schwach oder stark, krank oder gesund, reich oder arm – mit einer Haltung der Unsterblichkeit, sodass ich am Ende des Stückes weiß, welche Moral es hat.“

Verschwende nicht deine Zeit. Du bist die großartigste Schöpfung Gottes. Wir sind gesegnet, weil wir denken können. Gott sagt: „Ich habe euch den Willen gegeben. Ich habe euch die Freiheit und die freie Entscheidung gegeben. Vielleicht wirst du alle Dinge verlassen und Mich lieben, der dir alle diese Geschenke gemacht hat."

Ich habe herausgefunden, dass alle Zuflüsse meines Verlangens in den großen Ozean des Bewusstseins münden. Wenn du danach strebst, dem Guten im Leben zu folgen, dann wirst du den Fluss des Verlangens bis zum Ozean des Gottesbewusstseins hinunterschwimmen. Alle materiellen Wirklichkeiten, die dich herausfordern, werden unwirklich. Heute sind wir und morgen sind wir nicht mehr da, aber wir müssen daran denken, dass unsere höchste Pflicht der großen Macht gegenüber darin besteht, was hinter unserem Leben steht. Während wir das Lebensdrama spielen, müssen wir uns erinnern, welches unsere wahre höchste Pflicht Gott gegenüber ist.

Wenn du dieses Leben wirklich verstehen willst, dann musst du dich daran erinnern, dass die zarte Arbeit, die Er tut, auch in den Blumen sichtbar ist, dass die Flammen Seines Geistes in deinen Gedanken brennen, den Gedanken, die aus unseren Seelen fließen, und dass sich in der Weite des ganzen Kosmos Welten nach Welten ausbreiten. Wie riesig ist dieser Gott, und dennoch können wir Ihn in unserem Bewusstsein spüren. Unser Leben ist eine Widerspiegelung dieses Geistes. Kein Leben existiert ohne diesen Ozean des Lebens dahinter, und wir müssen erkennen, welcher immens große Ozean des Lebens hinter unserem Leben auf uns wartet.

Die Angewohnheit, dich selbst als den kleinen Körper wahrzunehmen, der in einem Puppenhaus wohnt, das man die Welt nennt, muss durch göttliche Gewohnheiten ersetzt werden. Menschliche Gewohnheiten erinnern dich stets an die kleinen, unwahren Glücksmomente des Namens, des Ruhms und der lächerlich wertlosen Besitztümer. Nimm das Universum in Besitz, denn das ganze Universum ist dein, oh Prinz aller Besitztümer! Vergiss die Slums deines Bettler-Ich, oh prinzliches Bild Gottes! Ganz egal, wie lange Zeit du schon damit verbracht hast, dich mit der Materie zu identifizieren. Alle vergangenen Zeitalter sind nichts im Vergleich mit der Ewigkeit, die vor dir liegt und die du an der Brust Gottes verbringen kannst, in vollem und bewussten Besitz all Seines Glanzes. Ganz gleich, wie oft du schon herumgeirrt bist und vor Gott weggerannt bist – du kannst nun die nicht länger attraktiven Slums des Egos verlassen und dein Königreich göttlicher Seligkeit in Ewigkeit für dich in Anspruch nehmen.

Die kleinen Jahrhunderte der menschlichen Zeit sind nichts als Tage, ja, nichts als Stunden für das Bewusstsein Gottes. Erwache deshalb aus den Träumen von Kleinheit zur Erkenntnis der wahren Größe in dir. Du träumst nur, du seist eine Hummel, die um den vergifteten Honig herumbrummt oder um die blühenden Sinnesverführungen. Komm! Ich werde dir zeigen, mein Geliebter, dass Gott in allem wie eine Honigwabe ist. Trinke Ihn bei all deinen edlen Erfahrungen.

Füttere deine menschlichen Gewohnheiten nicht länger mit den illusionären menschlichen Handlungen. Lass sie langsam verhungern, denn du sehnst dich nach der Nahrung wahrer Handlung. Komm! Meditiere täglich, mit Ernst und Hingabe. Liebe Gott, ohne je aufzuhören. Auf diese Weise wird deine allgegenwärtige Natur in deinem Bewusstsein erneut erwachen und die körpergebundenen, durch deine Sinne begrenzten menschlichen Glaubensmuster und Gewohnheiten ersetzen.

Trinke den Nektar der göttlichen Liebe, die in allen Herzen zu finden ist. Nutze jedes Herz als dein eigenes Weinglas, aus dem du das frische Ambrosia der göttlichen Liebe trinken kannst. Trinke diese göttliche Liebe nicht nur aus einem Herzen, sondern trinke freimütig aus allen Herzen ausschließlich die Liebe Gottes.

Lerne, Gott als die Freude zu lieben, die du in der Meditation gespürt hast. Der Sieg ist sehr nahe. Wähle ausschließlich gute Pfade, bevor du das Rennen zum Ziel der Erleuchtung aufnimmst. Denke an Gott, wenn du den Pfad deiner materiellen und spirituellen Pflichten betrittst. Dann denke an Gott bei jedem Auftreten deiner vorwärtsschreitenden Füße, während du sorgsam und fröhlich über die Straße der Erfüllung gehst. Bitte Gott, dich zu begleiten, wenn du dich freiwillig für eine gute Handlung entscheidest. Denke an Gott, bevor du Nahrungsmittel zu dir nimmst, die wirklich deinen Körper nähren, denke an Ihn, während du sie isst. Und dann, wenn du deine Mahlzeit beendet hast, denke wieder an Gott.

Wenn du etwas in der Welt tust und dabei Gott vergisst, dann hast du dein Zentrum von Gott abgewandt und dich der Materie zugewandt. Diese materielle Seite wird dich in den Wirbel der Veränderungen werfen und wird all deine Sorgen und Kümmernisse in dir wecken. Wende dich also an deine eigene, wahre Natur. Verändere dein Zentrum – weg von materiellen Sehnsüchten hin zum Verlangen nach Gott. Erinnere dich an Gott stets als an den Frieden und die Seligkeit in deinem Herzen. Bitte Gott, deinen Frieden, deine Stille, deine Freude und deine Meditation zu Seinem heiligen Altar zu machen, wo deine Seele Ihm begegnen und mit Ihm eins sein kann. Lass dein Gebet sein: „Lass mich den Tempel Deiner Führung erkennen!"

Rufe im Verlauf des Tages immer wieder Gott als die Macht im Tempel deines Bewusstseins an. Lass jede Handlung, die du vollziehst, und jedes Wort, das du sprichst, getragen und durchdrungen sein von deiner Trunkenheit durch deine Liebe zu Gott. Sprich und handle achtsam, wie ein Mensch, der viel trinkt und dennoch versucht, die Selbstkontrolle zu behalten. Sei trunken von Gott, und lasse jede Handlung deines Alltags ein Tempel sein, in dem die Erinnerung an Gott erhalten bleibt. Führe jede Handlung nur aus, um Ihm zu gefallen, und in dem unzerstörbaren Schrein deiner Hingabe wird Gott dich erhören und jedem Gedanken folgen.

Trage deine Gottesliebe tief in deinem Herzen, bevor du einschläfst. Lege sie dort in eine Wiege, sodass du, wenn du träumst, von Ihm träumst, der auf dem duftenden Altar des Schlafes bei dir ausruht. In Wirklichkeit umarmt dich Gott und nimmt dich an Seine Brust, wenn du schläfst, in Frieden und Freude. Du schläfst dann in Seinen Armen der ewigen Ruhe. Deshalb erinnere dich, wenn du einschläfst, dass du Ihm in deinem Schlaf und in deinen Träumen begegnest und von Ihm umarmt wirst.

Und wenn du tief schläfst oder meditierst, dann spüre, wie Er dich als die allgegenwärtige Seligkeit umarmt. Durch Seine allerseligste Berührung will Er, dass du deine kleinen, schmerzlichen Erinnerungen, deine mentalen und körperlichen Schmerzen und deine spirituelle Todesangst vergisst, die du während deines vorübergehenden Aufenthaltes in den Slums der Materie aufgenommen hast.

Lass Frieden und Freude in deinem Herzen entstehen. Spüre diese Freude, ganz gleich, was du tust. Wenn du das tun kannst, dann wirst du Ihn immer finden, wie Er in deiner Erinnerung für ewig und alle Zeit tanzt, ganz gleich, ob das Universum nun ins Nichts explodiert. Lass die pure Freude in deiner Erinnerung tanzen und Gott wird mit dir tanzen.

Halte dich an deinem spirituellen Schatz der Freude fest, die du einst verloren hattest. Jetzt hast du sie wieder, deshalb lasse sie wachsen, indem du sie freigiebig an andere verschenkst. Erinnere dich daran, dass alles, was wir selbstsüchtig für uns zu bewahren versuchen, verloren geht und dass alles, was wir freigiebig an andere verschenken, sich tausendfach bei unserer Ernte der Glückseligkeit vermehrt hat. Sorgen und Selbstsucht sind die Räuber auf der Straße des Lebens, sie halten uns an und berauben uns unserer Freude und unseres Friedens. Deshalb sei entschlossen und halte dich an deiner Freude fest, selbst wenn dein Geist dir zu sagen versucht, dass „alles verloren“ ist. Lass alle verwirrenden Geräusche in der stillen süßen Harmonie deiner vollkommenen, unbesiegbaren Freude ertrinken.

Geleite die Freude in dein Heiligtum deiner Bestrebungen, deiner edlen Taten und edlen Gedanken auf den Thron, der ihr zusteht. Dann wirst du auch Gott als Freude empfinden, der im Königreich deiner Seele herrscht und Sein Zepter auf den weißen Altar deiner Träume legt, damit jeder Gedanke, jedes Gefühl und jede Erinnerung zu einer Blume wird, die hier aufs Schönste blüht.

Erinnere dich, mein Geliebter: Die Göttliche Mutter wischt mit ihrem Schleier des Schlafes und des Friedens all die dunklen Sorgen ihres von Unwissenheit verschmierten Kindes ab. Gehe dann in deine Träume wie ein Kind in den Armen seiner Mutter. Göttliche Liebe wird in all deinen Erinnerungen an vergangene Inkarnationen und gegenwärtige Gedanken zum Zentrum werden und du wirst merken, dass Übles und Leid nur deine eigenen fantasievollen Traumkreationen waren. Du hast geschlafen und hast einen Alptraum vom Bösen gehabt, nun bist du in Gott erwacht und spürst nur noch Freude und Güte, die überall existieren.

Und dann, wenn die göttliche Erinnerung an dauerhafte Freude am Tag der Wiederauferstehung, dem Tag der Rückkehr deiner Seele zu ihrem Erbe, in dir entstehen, dann wirst du deine selbstkreierten Alpträume des Bösen für immer vergessen und du wirst mit klaren Augen wahrnehmen, was für eine vollkommene Schönheit und Güte überall existiert, denn Gott ist in allem und überall.

Dann wirst du das einzige Gebet beten, das ich für mich bete: „Himmlischer Vater, möge Deine Liebe für immer auf den Schrein meiner Hingabe scheinen. Möge meine Andacht für Dich für immer auf dem Altar meiner Erinnerung brennen und möge ich in der Lage sein, die Liebe zu Dir in allen Altären aller Herzen zu wecken.“

# STICHWÖRTERVERZEICHNIS

# ÜBER DEN AUTOR

## *Paramhansa Yogananda*

> „Wie ein strahlend-helles Licht, das mitten in der Dunkelheit aufleuchtet, so hat die Präsenz Yoganandas in der Welt gewirkt. Eine so große Seele kommt nur selten zur Erde, und auch nur, wenn es ein wirklich großes Bedürfnis der Menschen nach ihr gibt."
>
> DER SHANKARACHARYA VON KANCHIPURAM

Paramhansa Yogananda wurde 1893 in Indien geboren. Von frühester Jugend an wurde er dazu erzogen, Indiens uralte Wissenschaft der Erleuchtung in den Westen zu bringen. Im Jahr 1920 zog er in die Vereinigten Staaten, um das zu beginnen, was sich zu einer weltweiten Arbeit ausweitete, die Millionen von Leben berührt hat. Die Amerikaner hungerten nach den spirituellen Lehren Indiens und nach den befreienden Techniken des Yoga.

Im Jahr 1946 veröffentlichte Yogananda das Buch, das seither zu einem spirituellen Klassiker wurde und eins der am meisten verkauften Bücher im 20. Jahrhundert geworden ist: Seine *„Autobiografie eines Yogi"*. Außerdem gründete Yogananda Zentren für seine weltweite Arbeit, schrieb eine große Anzahl Bücher und Studienkurse, hielt Vorträge vor Tausenden von Menschen in den größten Städten der USA, schrieb Musik und Gedichte und unterrichtete seine Schüler. Er wurde von Calvin Coolidge ins Weiße Haus eingeladen und initiierte Mahatma Gandhi in den Kriya-Yoga, seine fortgeschrittenste Meditationstechnik.

Yoganandas Botschaft an den Westen unterstrich die Einheit aller Religionen und die Bedeutung der Liebe zu Gott, kombiniert mit wissenschaftlichen Techniken der Meditation.